Fritz Opel

# Generation Feierabend

»Wir können alles – außer Nichtstun«

Umschlagfoto: Fotolia.com, Fotolia VI
Herstellung und Verlag:
Books on Demand GmbH, Norderstedt
ISBN 978-3-8370-9438-1

Fritz Opel

# Generation Feierabend

## »Wir können alles – außer Nichtstun«

Was Senioren von PC und Internet wissen sollten,
und was sie gar nicht erst zu wissen brauchen ...

## Inhalt

## Vorwort

Dies ist ein Buch zur Frage: »Was können wir Senioren tun, um mit moderner Technik, vor allem natürlich mit PC und Internet, sinnvoll umzugehen?«

Und weiter: »Wie können wir halbwegs sicher sein, nichts Wichtiges zu versäumen, zugleich aber all das außen vor zu lassen, was wir an übertriebenen Entwicklungen und an technischem Firlefanz nicht gebrauchen können und auch nicht wollen?«

Die gute Nachricht vorweg: Bereits heute zählt ein beachtlicher Anteil von uns Senioren wie selbstverständlich zu den Nutzern von PC und Internet. Für sie gehört diese Technik schon längst zum Alltag so wie Zeitung und Fernsehen auch. Nicht wenige sind mit alledem so vertraut, dass sie Teile dieses Buches vermutlich sogar selbst schreiben könnten.

Eine zweite Nachricht besagt: Die meisten der bisher nur wenig mit PC und Internet vertrauten Senioren sind grundsätzlich daran interessiert, sich mit dieser Technik intensiver zu befassen. Sie wollen die sich bietenden Chancen besser kennenlernen, vielleicht fehlt nur noch die passende Gelegenheit dazu. Ihnen soll dieses Buch Anregungen geben, dazu noch ein paar brauchbare Tipps, damit die Angelegenheit auch wirklich klappt.

Schließlich die ermutigende Nachricht: Der Einstieg in die Welt von PC und Internet gelingt erfahrungsgemäß recht gut und gestaltet sich langfristig am erfolgreichsten, wenn man als Senior möglichst frei und unvoreingenommen an die Sache herangeht, sich dabei auch helfen lässt und bedenkt, dass kaum etwas zu verlieren, jedoch sehr viel zu gewinnen ist. Und zum Trost für den nicht ganz unwahrscheinlichen Fall, dass nicht alles auf Anhieb funktioniert: Bei auftretenden Problemen befindet man sich in wirklich bester Gesellschaft, denn jeder von uns hat oder hatte mit den üblichen Schwierigkeiten zu kämpfen.

Vielleicht eines noch: Wir Senioren von heute sind im Grunde zu beneiden. Oft ist sogar die Rede davon, dass es einer Generation noch nie so gut gegangen sei wie der unseren. Nun ja, diese Aussage wird sich natürlich je nach individueller Situation durchaus differenziert darstellen, in etlichen Fällen mag sie sogar völlig unzutreffend sein. Verglichen mit den Existenzbedingungen früherer Generationen im Alter können an der grundsätzlich positiven Bewertung unserer Lebensumstände kaum Zweifel bestehen. Selbst in Zeiten von Krisen trifft es jüngere Generationen eher als uns Etablierte.

Da nun setzt der Gedanke an, dass wir bei so viel Rückenwind auf keinen Fall versäumen sollten, auch die Welt der neuen Technik für uns zu erschließen und möglichst lange zu nutzen. Wissenschaftler und sonstige Auguren lassen ohnehin keinen Zweifel daran: Ein *angemessener* Umgang mit PC und Internet hält nicht nur geistig fit, sondern fördert unser Lebensgefühl auch in vielen sonstigen Bereichen. Es ist wie mit dem oft zitierten Glas Rotwein pro Tag. Das tut uns Senioren bekanntlich gut, eine ganze Flasche wäre eher zu viel des Guten.

*Ich habe einen ganz einfachen Geschmack. Ich bin stets mit dem Besten zufrieden. (Oscar Wilde)*

## Prima Zeiten für Senioren?

Wir Senioren befinden uns anscheinend auf dem besten Weg, zu einer besonderen und zunehmend interessanten Spezies innerhalb unserer ach so komplizierten Welt zu werden. Wie sonst könnte es sein, dass man unser Älterwerden zumeist überschwänglich begrüßt und uns neuerdings sogar als attraktive Konsumentenschar entdeckt?

Bemerkenswert auch das Verhalten der hohen Politik, die bekanntlich schon immer mit wohlfeilen Komplimenten um seniorige Wählerstimmen zu buhlen wusste. Ihr Interesse uns gegenüber befindet sich nachgerade in einem Höhenflug, denn einem Politiker entgeht natürlich nicht, dass bei einer inzwischen auf dem Kopf stehenden Bevölkerungspyramide speziell die Wähler im Seniorenalter überdurchschnittliche Zuwachsraten verheißen. In Zahlen ausgedrückt wird ihr Anteil von kürzlich noch unter 20 Prozent bis ins Jahr 2030 auf über ein Drittel ansteigen. Senioren entscheiden Wahlen, so eine Erkenntnis aus dem aktuellen demografischen Wandel.

Bei solch fantastischer Wertschätzung und weiterhin absehbarer Wertentwicklung könnten wir uns eigentlich von anhaltender Sympathie getragen fühlen und völlig entspannt in die Zukunft schauen, gäbe es nicht diese gelegentlichen Zweifel, ob wir Senioren wirklich so gut aufgestellt sind, wie man uns stets zu vermitteln sucht. Und in der Tat, bei näherem Hinsehen lassen sich neben den klassischen Generationskonflikten, denen auch wir wohl nicht entgehen können, gleich mehrere Problembereiche entdecken, die wir im Interesse unserer Zukunftsfähigkeit aufmerksam betrachten sollten:

*Erstens die für uns kaum mehr nachvollziehbare Entwicklung der Technik.*

Hier liegen Schock und Chance für uns Senioren besonders nahe beisammen. Das gilt natürlich und zuallererst für PC und Internet, aber auch jedes Fernsehgerät, jeder Fotoapparat, jede Küchenmaschine und jeder Fahrkartenautomat sind mittlerweile geeignet, uns mit ihren technischen Finessen und Fallen bis zur Selbstaufgabe zu strapazieren. Doch abgesehen davon, dass wir ohnehin keine andere Wahl haben, es sollte gerade auch uns Senioren daran gelegen sein, uns vernünftige moderne Technik im guten Sinn nutzbar zu machen. Für diejenigen von uns, die das schaffen, wurde das passende Etikett in der Terminologie des Internets bereits gefunden: Senioren 2.0.

*Zweitens das Problem, unsere Privatsphäre vor zunehmendem Medienschwachsinn und unerwünschter Belästigung von außen zu schützen.*

Wer von uns sehnt sich nicht so manches Mal nach einem Refugium, vielleicht sogar nach einer Art von Reservat, um nicht ständiger Begehrlichkeit von Besserwissern, Beutelschneidern und anderen unliebsamen Zeitgenossen samt ihren ständig wechselnden Parolen ausgesetzt zu sein? Vermutlich gibt es dagegen nur ein Rezept, nämlich selbstbewusst und konsequent Filter und Barrieren aufzubauen, um sich den unerträglichen Schlamassel, der ständig auf uns eindringt, irgendwie vom Leibe zu halten und nur das hindurchzulassen, was uns wirklich interessiert und deshalb auch willkommen ist. Ein besonderes Privileg stellt in diesem Zusammenhang unser Recht auf Unerreichbarkeit dar, beispielsweise dann, wenn wir unser Handy ganz einfach abschalten. Im Gegensatz zu den meisten Zeitgenossen dürfen wir Senioren nämlich selbst entscheiden, wann wir »online« sind und wann nicht.

*Drittens schließlich die Frage unserer tatsächlichen gesellschaftlichen Einordnung und Bedeutung.*

Bei aller Wertschätzung, die uns vielerorts begegnet und die wir auch genießen dürfen: Spüren wir nicht gelegentlich den Beigeschmack einer einseitigen Erwartungshaltung uns gegenüber? Insbesondere bei denjenigen, die unseren erfreulicherweise oft vorhandenen materiellen Wohlstand und zugleich die relativ unkomplizierte Verfügbarkeit der Ressource »Senior« ungeniert zu nutzen wissen. Ein wenig erinnert dies alles an die treffende Kennzeichnung für einen guten Freund, der bekanntlich immer da ist, wenn man ihn braucht, der aber insbesondere nicht da ist, wenn man ihn nicht gebrauchen kann. – Ja, eine gewisse Ambivalenz spielt beim Seniorendasein wohl grundsätzlich mit.

Was man an uns mag, ist schnell gesagt:

- Wir sind im Allgemeinen erträglich gut situiert.
- Wir sind, solange unser Wohlbefinden dies zulässt, autark und auf uns selbst gestellt.
- Wir nehmen unter dieser Voraussetzung nach Kräften Anteil am Geschehen innerhalb unseres Freundes- und Familienkreises.
- Wir taugen dann (immer noch) als aktiver Teil der Gesellschaft und sind sogar in der Lage, *ins Netz zu gehen*, sprich, mit PC und Internet die moderne Welt zu erschließen.

Schließlich sind wir als Wirtschaftsfaktor durchaus relevant und erwecken als »Seniorenwirtschaft« zunehmend das Interesse von Handel und Industrie.

Demgegenüber die Schattenseiten unseres Lebens im Alter:

- Vielleicht sind wir, gerade auch im engsten Familienkreis, nicht immer so beliebt, wie man uns sagt.
- Vielleicht empfindet man uns gelegentlich sogar als Ballast, spätestens vermutlich dann, wenn wir nicht mehr so funktionieren, wie andere das gerne hätten.
- Vielleicht fällt es uns ja wirklich immer schwerer, mit den ständigen Veränderungen fertig zu werden, denn sie betreffen schon längst nicht nur die Technik im engeren Sinn, sondern zunehmend den gesamten Lebensstil unserer Gesellschaft.

Was also bleibt zu tun? Ein Patentrezept nach dem Motto *Seniorenglück – bei Nichtgefallen Geld zurück* kann und wird es wohl nicht geben.

Aussichtsreicher dürfte hingegen sein, die Dinge selbst in die Hand zu nehmen. Unsere Ausgangssituation dazu ist übrigens gar nicht so schlecht. Denn wir Senioren besitzen eine Reihe von Privilegien, die uns keine Macht der Welt je nehmen kann:

- An erster Stelle steht natürlich unsere ausgeprägte Lebenserfahrung, egal ob sie nun sechs, sieben oder noch mehr Jahrzehnte umfasst. Uns kann man bekanntlich nicht so leicht ein X für ein U vormachen.

- Dann genießen wir das Privileg, uns alles Neue erst einmal in aller Ruhe anschauen zu können, ohne sogleich auf irgendetwas angewiesen zu sein. Wie komfortabel diese Situation ist, erkennt man insbesondere im Vergleich mit all den armen Teufeln rund um uns herum, die nachgerade sklavisch davon abhängen, sich gegenseitig mit den jeweils neuesten Sensationen zu überbieten.
- Schließlich leben wir in einer Zeit, die an spannenden technischen Entwicklungen kaum zu übertreffen ist. Das Internet steht dabei natürlich mit an vorderster Stelle und wird nicht ganz zufällig gerne mit der Erfindung des Buchdrucks verglichen. Ist es nicht fabelhaft, dass wir Senioren an alledem teilhaben können, bei näherem Hinsehen sogar in durchaus vergnüglicher Form?

Zugegeben, dieser Privilegien werden wir uns intensiv bedienen müssen, um den aktuellen und weiter zunehmenden Herausforderungen der modernen Welt gewachsen zu sein. Was jedoch wäre die Alternative? Wäre es nicht hochgradig fatal, wenn wir uns eines Tages zugestehen müssten: »Ich versteh' die Welt nicht mehr …« Das wäre dann der Zukunftsschock schlechthin, so wie er uns schon seit Jahrzehnten immer wieder prophezeit worden ist.

Nein, wir Senioren von heute haben allen Grund, statt an Schock an Chancen zu denken, uns insbesondere den technischen Veränderungen nicht zu verschließen, sondern sie nach Möglichkeit zu verstehen und zu bewältigen. Und wir werden sehen, wie richtig wir liegen, wenn wir um die moderne Technik keinen Bogen machen, sondern sie im Rahmen unserer Möglichkeiten ganz praktisch nutzen. Das wird sich spätestens dann zeigen, wenn unsere Kinder und vielleicht sogar Kindeskinder eines Tages anerkennend feststellen, dass wir Eltern oder Großeltern den Anschluss an die modernen Zeiten nicht verloren haben. Kann man sich eine bessere Belohnung für unser eifriges Bemühen vorstellen?

Bei alledem spielt die Welt des Internet natürlich eine entscheidende Rolle. Attraktive Serviceangebote gibt es für nahezu sämtliche Bereiche des täglichen Lebens. Sie bieten wirklich alles von den jeweils neuesten Nachrichten, aktuellen Wetterberichten und Börsendaten bis hin zu anspruchsvolleren Anwendungen etwa in Form von Reise- und Hotelbuchungen, von Bankgeschäften oder von Einkaufen im Internet. Die erstgenannten Angebote sind bekanntlich unproblematisch und empfehlenswert, wir können sie aus dem Stand nutzen und tun dies zumeist schon längst. Bei allen anderen jedoch, insbesondere wenn es um Geld geht, ist Vorsicht geboten. Doch ist dies nicht ganz normal? Wo Chancen sind, gibt es auch Risiken. Beides gegeneinander abzuwägen ist nicht immer einfach, aber machbar. Auch für uns Senioren.

Neuerdings ist oft die Rede von den *Zukunftschancen der Generation Plus*. Frei nach dem Motto »Wir können alles – außer Nichtstun« passt dies natürlich bestens zur Idee dieses Buches. Wenn wir in diesem Sinn denken und handeln, erhöhen wir zweifelsfrei die Chancen, unser weiteres Leben aktiv selbst zu gestalten und uns dadurch einer ansonsten kaum vermeidbaren Instrumentalisierung von außen ebenso zu entziehen wie einer Entmündigung durch überzogene Technik oder ständig neue Lebensentwürfe von zumeist ungebetenen Gurus, gleich welcher Herkunft und Zielsetzung sie auch immer sein mögen.

Also dann, schauen wir mal …

*Prognosen sind schwierig, besonders wenn sie die Zukunft betreffen. (Karl Valentin)*

## Von echten und falschen Propheten

*Erst Zukunftsschock, dann Zukunftschance*

Was hat man uns Senioren nicht schon alles prophezeit?

Einer der bekanntesten Klassiker aus der Zunft der Schwarzseherei stammt aus dem Jahr 1970. Damals beschrieb der Amerikaner Alvin Toffler in seinem Bestseller »Future Shock«, hierzulande unter dem Titel »Der Zukunftsschock in der beschleunigten Gesellschaft« erschienen, so ziemlich alles, was einem Himmelangst bereiten und den Spaß an der Zukunft gründlich verderben konnte.

Selbst der beruhigende Spruch, dass Prognosen halt immer problematisch sind, konnte in Anbetracht der überragenden Kompetenz dieses Autors keinen Trost spenden. Nein, es stand felsenfest, die technischen und gesellschaftlichen Entwicklungen würden in Zukunft landauf, landab solche Schockwellen auslösen, dass man an ein Überleben der Menschheit kaum noch glauben konnte. Wen wundert's, dass dabei uns Senioren die bei Weitem schlechtesten Karten zugeteilt wurden.

Heute und damit rückblickend können wir Tofflers pessimistische Vorhersagen wesentlich gelassener sehen, etliche sogar definitiv abhaken. Vieles von dem, was damals als Schock prognostiziert und zumeist auch als solcher empfunden wurde, zählt inzwischen längst zur alltäglichen Praxis, anderes ist nicht so extrem über uns hereingebrochen wie zunächst befürchtet. Schließlich hat sich manches von ursprünglich negativem Charakter später sogar als durchaus positiv erwiesen.

Alvin Toffler selbst brauchte zehn Jahre, um seinen »Zukunftsschock« in eine »Zukunftschance« zu verwandeln. So lautet der Titel eines 1980 veröffentlichten weiteren Bestsellers aus seiner Feder. Und siehe da, aus vormals Angst erzeugenden Horrorszenarien wurden durch wundersame Fügung mit einem Mal zukunftsträchtige Segnungen der Menschheit.

Aus der Bedrohung durch allgegenwärtige Großrechner wurden handliche PCs, aus beängstigender Macht einer industriellen Massenproduktion wurden auf individuelle Bedürfnisse zugeschnittene Wunschprodukte, aus einer angeblich beklagenswerten Auflösung traditioneller Bindungen wurde die eigentliche Voraussetzung für die

Selbstverwirklichung des modernen Menschen. So weit, so gut.

Szenenwechsel. In Deutschland legt eine Sachverständigenkommission des Bundesministeriums für Familie, Senioren, Frauen und Jugend den sogenannten Fünften Altenbericht vor. Altenbericht heißt dieses Elaborat natürlich nur verwaltungsintern, so beispielsweise als Datei, die man aus dem Fundus des Ministeriums auf seinen eigenen PC herunterladen kann.

Nach außen und damit offiziell firmiert die Angelegenheit unter dem weitaus anspruchsvolleren Titel

»Fünfter Bericht zur Lage der älteren Generation in der Bundesrepublik Deutschland«

und dem schönen Untertitel

»Potenziale des Alters in Wirtschaft und Gesellschaft. Der Beitrag älterer Menschen zum Zusammenhalt der Generationen.«

Vermutlich lohnte es sich schon, wenn wir als Betroffene einmal nachschauten, was dort über uns geschrieben steht. Allerdings sei fairerweise auch vor eigenem Forschungsdrang gewarnt: Der Bericht ergießt seine Weisheiten auf insgesamt mehr als 500 Seiten und verfügt über den Esprit eines Schaukelstuhls.

Möglicherweise kommen wir der Sache auf bequemere Weise etwas näher, zumindest nahe genug, um einen ersten Eindruck davon zu gewinnen, was die hohe Politik mit uns Senioren im Schilde führt. Ohne Anspruch auf Vollständigkeit seien dazu ein paar exemplarische Aussagen zum Thema »Neue Medien und Telekommunikation« sinngemäß wiedergegeben:

- *Nach empirischen Studien stehen ältere Menschen der Nutzung von Computer und Internet durchaus offen gegenüber. Limitierend wirken bisher vor allem die funktionalen Einschränkungen bei der Produktgestaltung.*
- *Vor diesem Hintergrund müssen die Angebote verbessert werden, und zwar so, dass die Produkte nutzer- und bedienungsfreundlich und dementsprechend einfach auch von älteren Menschen zu handhaben sind.*
- *Interessant scheint der Blick auf zukünftige Potenziale: Etwa 15 Prozent der momentanen Nichtnutzer bekunden generelles Interesse an der Nutzung des Mediums Internet, umgerechnet sind das fast drei Millionen Menschen.*

Donnerwetter! Wenn jetzt keiner wach wird, was muss dann noch geschehen? Drei Millionen potenzielle Nutzer stehen vor der Tür und warten nur darauf, auf bequeme Art und Weise hineingelassen zu werden. Und dass die

Produkte künftig stärker auf unsere Anforderungen ausgerichtet werden sollen, wird unser Selbstbewusstsein zumindest nicht mindern.

Listigerweise wird den Entwicklern von speziellen Produkten für Senioren empfohlen, darauf zu achten, dass man dies den fertigen Gebilden nicht mehr ansieht. Na ja, irgendwie klingt das schon ein wenig seltsam, gerade so, als gäbe es da etwas zu verbergen. Vermutlich stammt die Formulierung aus der Feder eines jungen Intellektuellen, der meint, er wisse etwas über unsere Generation. In Wahrheit hat er keine Ahnung von dem sprichwörtlichen Selbstbewusstsein eines gestandenen Seniors.

Wie dem auch sei und unabhängig davon, was wir im Detail an Wenn und Aber auch finden mögen, es ist durchaus positiv zu werten, dass es diesen Altenbericht überhaupt gibt. Ob dann schließlich etwas daraus wird, ist freilich eine ganz andere Frage. Bekanntlich liegen zumeist Lichtjahre zwischen einer ersten politischen Idee und ihrer späteren Umsetzung in praktisches politisches Handeln.

Nochmals Szenenwechsel. Es ist ja nicht so, dass nur amerikanische Bestseller und Altenberichte der Bundesregierung sich fürsorglich unserer Zukunft annehmen. Ganz im Gegenteil: Eine wahre Flut von Studien, Büchern und sonstigen Veröffentlichungen schwappt in die Medien, auch das Fernsehen hat uns Senioren längst als tauglich für seine einschlägigen Shows entdeckt.

Die Fülle an Informationen sprengt inzwischen jeden Rahmen einer halbwegs überschaubaren Darstellung. Selektieren lautet folglich die Devise, und zwar mutig. Im vorliegenden Zusammenhang sollten natürlich insbesondere solche Quellen interessieren, die uns Senioren zugestehen, in Zukunft nicht nur älter zu werden, sondern dabei auch noch Lebensfreude zu erfahren. Entsprechende Literaturhinweise im Internet können zu vertiefender Lektüre anregen.

### *Das Phänomen der »jungen Alten«*

Erfreulicherweise konzediert man uns Senioren inzwischen eine ganze Menge an technischem Interesse und traut uns auch entsprechende Fähigkeiten zu, gerade was PC und Internet betrifft. Dazu passt bestens, dass man neuerdings in einem Atemzug von einer alternden Gesellschaft und einem subjektiv empfundenen Verjüngungsprozess spricht. Was wollen wir mehr? Die Hymnen auf die neuen Qualitäten unserer Spezies gipfeln mitunter in der Feststellung (und diese erscheint nicht einmal als völlig unbegründet), das im Jahr 1900 ausgerufene *Jahrhundert des Kindes* werde absehbar durch ein *Jahrhundert der Senioren* abgelöst. Und in der Tat, die Statistik weist eindeutig in diese Richtung:

In den letzten 100 Jahren hat sich die Zahl der über 60-Jährigen in Deutschland von 4,4 Millionen auf 18 Millionen mehr als vervierfacht. Im Jahr 2030 wird etwa jeder dritte Bürger über 60 Jahre »alt« sein. Das Sensationelle dabei: Diese Herrschaften genießen bereits heutzutage die gleiche weitere Lebenserwartung wie 20-Jährige (!) vor etwa 200 Jahren. Wen wundert's, dass man inzwischen gerne von den »jungen Alten« spricht? Auf sie trifft der bekannte Grundsatz von der subjektiven Wahrnehmung des eigenen Lebensalters (»Man ist so alt, wie man sich fühlt.«) bestens zu.

Auch die wunderbar theoretische Frage, ob man jemals mit uns tauschen möchte, erscheint neuerdings in völlig anderem Licht als noch zu Großmutters Zeiten. Damals hätte sich jeder verständnislos abgewendet und peinlich berührt eine solche Frage zu überhören versucht. Heute hingegen kann einem schon einmal passieren, dass Menschen im vermeintlich besten Alter, vom Alltagsstress ebenso geplagt wie von ihren Zukunftsängsten, zumindest hinter vorgehaltener Hand bekennen, wie gerne sie im Grunde mit uns tauschen würden.

Und wenn es je eines weiteren Beweises für die fabelhafte Position von uns Senioren bedürfte, das Internet könnte ihn auf seine Art vermutlich locker liefern. Wer etwas auf sich hält, sollte dort bekanntlich gut vertreten sein, und zwar sowohl quantitativ als auch qualitativ. Das gilt natürlich auch für uns Senioren, und es lohnt sich fürwahr, die einschlägigen Suchmaschinen mit unserem Markenzeichen auf die Probe zu stellen.

Bei **google.de** führt die Eingabe »Senior« aktuell zu sage und schreibe über 400 Millionen Fundstellen. Darunter befindet sich natürlich reichlich Schrott, doch der Anteil an hervorragend nutzbaren Informationen für nahezu sämtliche Lebensbereiche ist beachtlich. Nicht zuletzt findet man eine Reihe von sogenannten Internetportalen, die zu einer komplett eigenen Welt der Senioren führen. Wir gehen darauf im Kapitel »Internet« genauer ein.

Ach ja, und dann natürlich noch die Politik. Wir sollten sie auf keinen Fall vergessen, wenn es um die Zukunftschancen von uns Senioren geht. Wie bereits erwähnt, hat man uns natürlich längst als Jackpot künftiger Wahlen identifiziert und auf der Agenda der parteipolitischen Aktivitäten nach ganz oben gesetzt. Wie dies konkret aussieht, kann man sich auf den einschlägigen Internetseiten der meisten Parteien anschauen. Hier soll eine der großen Volksparteien stellvertretend für alle anderen zu Wort kommen.

Unter **www.seniorenunion.cdu.de** trifft man bei der CDU im wahrsten Sinn des Wortes ins Schwarze. Dort geht es runter wie Butter, wenn man nach dem »Herzlich Willkommen bei der Senioren-Union« folgendes liest:

- »Mit Mut und Erfahrung Zukunft gestalten. Dies ist der Anspruch, mit dem wir Politik machen und als Ältere inmitten der Gesellschaft tätig sind.«
- Und weiter: »Im Dialog der Generationen vertritt die Senioren-Union die Anliegen der älteren Generation. Sie macht Politik mit älteren Menschen für ältere Menschen und Jüngere. Die Senioren-Union trägt dazu bei, dass sich die Älteren in Deutschland als selbstbewusste Generation präsentieren, so dass auch die heute Jungen ihr späteres Leben aktiv und selbstbestimmt, mit Lebensfreude und Gemeinsinn führen können.«

Dass Senioren nicht nur ein Faktor sind, der künftig immer stärker Wahlen entscheiden wird, sondern dass weite Teile der älteren Generation zudem auch über eine erhebliche Wirtschaftskraft verfügen, damit wirbt das CDU-Senioren-Magazin »Souverän« bei seinen potenziellen Anzeigenkunden: »Über uns erreichen Sie die größte und weiter wachsende Wähler- und Konsumentengruppe des Landes: Senioren, die jährlich über 316 Mrd. Euro Kaufkraft verfügen.«

Interessant ist noch der Querverweis auf korrespondierende Organisationen auf europäischer Ebene. Dort liefert beispielsweise die ESO, die Europäische Seniorenorganisation, den Beweis dafür, dass Seniorenpolitik natürlich längst schon den engen nationalen Rahmen verlassen hat und sich übernational manifestiert.

Doch nach so viel Politik, die leider immer im Verdacht des wahltaktischen Opportunismus steht, dürstet uns vielleicht nach einer Quelle, die in punkto Seniorenimage ein deutliches Mehr an Glaubwürdigkeit verspricht. Warum nicht einmal dort nachschauen, wo man ohnehin gerne mit letzten Wahrheiten hantiert, nämlich bei den Religionen und ihren Kirchen. Und in der Tat, hier wird unser Wissensdurst ausgiebig gestillt. Das Alter genießt bei sämtlichen Religionen unstreitig höchste Anerkennung und Würde.

Bei den christlichen Kirchen allerdings begegnet uns zunächst eine für einen gestandenen Senior eher überraschende These: »Wen Gott lieb hat, den ruft er früh zu sich.« Wie bitte? Haben wir da etwa einiges falsch verstanden in unserem gesegneten Alter von 60plus und mehr? Doch Scherz beiseite, natürlich handelt es sich bei dieser Formulierung, die der verpflichtenden Beliebigkeit von Grabreden geschuldet ist, um ein tröstliches Wort ausschließlich für Hinterbliebene von jung Verstorbenen.

Für uns hingegen hält die hohe Geistlichkeit Besseres bereit: »Gott hat dich sichtbarlich mit einem langen Leben gesegnet«, nehmen wir tief durchatmend zur Kenntnis. Der besondere Charme dieser Formulierung liegt natürlich darin, dass sie nicht nur für Grabreden taugt. Ganz im Gegenteil, man meint es wirklich ernst mit der Wertschätzung des Alters, auch zu Lebzeiten der betreffenden Person.

Dazu in den einschlägigen Fundstellen zu stöbern, erweist sich als durchaus reizvoll. Allerdings stellt man mitunter fest, dass die Segnungen des Alters nicht völlig ohne Gegenleistung zu haben sind. So heißt es beispielsweise in der Bibel (Sprüche 10,27): »Gottesfurcht bringt langes Leben, doch die Jahre der Frevler sind verkürzt.« Man beachte!

Und überhaupt, so ganz ohne Vorbehalt lässt uns die Bibel nicht alt und weise werden. So wird im Kontext der ohnehin verdächtigen Hiobsbotschaften kerzengerade hinterfragt (Hiob 12,12): »Findet sich bei Greisen wirklich Weisheit und ist langes Leben schon Einsicht?« Nun ja, auch in unserer modernen Zeit stellen wir bekanntlich sprichwortartig fest, dass Alter nicht vor Torheit schützt.

Ein Blick über den christlichen Gartenzaun führt uns in aller Regel zu einer besonders hohen Wertschätzung des Alters. Kulturell tief verwurzelt ist der Respekt vor der Lebenserfahrung der älteren Generationen beispielsweise im Islam. Ein arabisches Sprichwort lautet: »Eine Stunde älter als ich, ein Jahr weiser.«

Kaum anders klingt es bei den übrigen großen Religionsgemeinschaften, nicht zuletzt auch bei den sogenannten Naturreligionen. Und es sieht so aus, als würde sich an dieser Wertschätzung des Alters auch in nächster Zeit kaum etwas ändern.

Also alles paletti? Einerseits ja: Einen Zukunftsschock, so wie man ihn uns Senioren immer wieder prophezeien möchte, muss und wird es wohl nicht geben. Wo wir auch hinschauen, erkennen wir tendenziell eher Chancen für eine lebenswerte Zukunft.

Andererseits dürfen wir unsere Augen vor den offenkundigen Gefahren, die eine beschleunigte und ständigem Wandel unterliegende Gesellschaft mit sich bringt, nicht verschließen. Vielmehr sollten wir uns mit Bedacht auf sie einstellen und dabei für alles offen sein, was uns Senioren interessiert oder interessieren könnte, wenn wir an unsere Zukunftschancen denken. Der rote Faden dazu führt uns direkt in die faszinierende Welt der

Technologie, vorzugsweise natürlich in die Welt von PC und Internet.

Und wir werden sehen, dass die Interessen von uns Senioren auch in diesen Bereichen durchaus gewahrt werden können, wenn – ja wenn wir uns nicht in den Strudel einer kritiklosen Technikeuphorie ziehen lassen, sondern mit unserem Privileg der Bedachtsamkeit an die Sache herangehen. Frei nach der Devise, dass wir uns nicht der Technik unterwerfen müssen, sondern sie uns nutzbar machen können, wo immer es uns passt, und wie immer wir es wollen.

So wird ein Schuh daraus und nicht umgekehrt.

*Der ideale Computer ist noch zu entwickeln.
Man gibt seine Probleme ein, und sie
kommen nie wieder heraus.*

## Macht euch die Technik untertan

*Zuerst PC und Internet*

Zugegeben, dies ist leichter gesagt als getan. Denn Hand aufs Herz: Wer könnte im Zeitalter ständig neuer PCs, kaum mehr zu überschauender Handy-Angebote und im Dschungel von DVD-Playern wirklich noch von sich behaupten, dieses Metier auch nur ansatzweise zu überblicken, geschweige denn zu verstehen, was uns der Markt an technischer Innovation in unglaublich rascher Abfolge bietet?

Folglich ist zunächst eine grundlegende Orientierung gefragt. Im Gegensatz zu unseren Kids, bei denen auf für uns Senioren höchst mysteriöse Art und Weise dieses moderne Wissen bereits in den Genen zu schlummern scheint, tun wir uns dabei im Allgemeinen reichlich schwer. Was also bleibt uns anderes übrig, als über traditionelle Wege, notfalls aber auch über ein paar clevere Tricks zu dem Wissen zu gelangen, das nach Meinung maßgeblicher Zeitgenossen für heutiges und noch mehr für künftiges Überleben unabdingbar ist.

Nun sind diejenigen von uns noch vergleichsweise gut bedacht, die in ihrer Familie, in ihrem Freundeskreis oder in ihrer nächsten Nachbarschaft Bekannte mit Sachverstand haben, die sie im Bedarfsfall befragen können. Seriöse Statistiken hierzu wird es kaum geben, es würde einen aber nur wenig wundern, wenn nicht eine deutliche Mehrheit heutiger PC-Benutzer im Seniorenalter nur auf diese Weise mit ihrer Gerätschaft letztlich irgendwie zurechtkäme, hätte man doch ohne solche Hilfe seinen PC samt Zubehör schon längst aus dem Fenster geworfen. Wollte man diese Art des Überlebens in der neuen Welt mit einem griffigen Schlagwort versehen, so wäre der Terminus *Soziusstrategie* vielleicht nicht völlig falsch.

Eine Soziusstrategie kann freilich nur dann funktionieren, wenn ein geübter Fahrer, in diesem Fall: PC-Experte, auch tatsächlich zur Verfügung steht. Woher aber kommen solche Helfer und gibt es überhaupt genügend davon? Bei der Beantwortung der Frage ist zu bedenken, dass diese guten Geister nicht nur über ausreichendes Fachwissen, sondern insbesondere über die erforderliche soziale Kompetenz zur Unterstützung lernwilliger Senioren verfügen müssen. Schließlich wäre es wünschenswert, dass sie ihre Leistungen nicht sogleich in barer Münze honoriert sehen wollen.

Doch hier ist nun wirklich Optimismus angesagt. Denn einerseits steigt die Zahl der PC-begeisterten Senioren schon seit Längerem spürbar an, erfreulicherweise auch derjenigen, die ihr Wissen gerne weitergeben. Zum anderen etablieren sich zunehmend Organisationen, speziell auch im Internet, die auf hervorragende Art und Weise Senioren mit gleichen Interessen zusammenführen, und dies zumeist kostenlos. Fündig werden Sie z. B. bei den Seniorenportalen, die im Kapitel »Internet« näher vorgestellt werden.

Ferner wirkt sich in diesem Zusammenhang die ebenfalls stetig steigende Zahl von Senioren, die im Verlauf ihres Lebens intensiver mit Computern zu tun hatten, positiv aus. Auch ich habe ein Leben lang in der Informatik gearbeitet und bin hochgradig motiviert, meine Freizeit als Senior dadurch zu bereichern, dass ich anderen in geeigneter Form helfe. Nebenbei profitiert man ja selbst davon, denn so besteht ein heilsamer Zwang zu ständiger Weiterbildung, die unumgänglich ist, wenn PC und Internet auf Dauer Spaß machen sollen.

Diejenigen unter uns Senioren allerdings, denen keine Hilfe von außen zur Verfügung steht, tun sich im Allgemeinen von Anfang an wesentlich schwerer. Auch hier liegen verlässliche Statistiken kaum vor, wir können jedoch davon ausgehen, dass solche PC-Benutzer vermutlich in erheblichem Umfang »Lehrgeld« zahlen müssen, wenn sie denn überhaupt die notwendige Energie zum Durchhalten auf Dauer aufbringen. Bezeichnen wir diese Art des Überlebens, wenn auch ein wenig zynisch, so aber doch zutreffend als *Sisyphusstrategie*.

Ein dritter Weg zum Erfolg ist demgegenüber durch hohen Komfort gekennzeichnet. Er basiert auf dem Grundprinzip des »kauf dir die Welt« und setzt genügend Geld und die Eigenschaft voraus, damit im Zweifel großzügig umzugehen. Solche Senioren sind in Fachgeschäften natürlich gerne gesehen. Auffallend ist ihr stets lockeres Einkaufsgebaren, ihr souveränes Verhalten an der Kasse und ihr typischerweise gelöster Gang zum Wagen, denn sie tragen in der Regel die PC-Kisten nicht selbst nach Hause. Diese bringt der Fachberater, der zugleich auch die Mühsal der Installation und die Einweisung der künftigen Benutzer auf sich nehmen darf. Vielleicht lässt sich diese Art des Zugangs zu moderner Technik treffend als *Luxusstrategie* bezeichnen.

Nun können wir davon ausgehen, dass diese drei Strategien bei Weitem nicht gleichermaßen genutzt werden. Insbesondere die Luxusstrategie wird wohl eher die Ausnahme als die Regel sein, denn sie kostet vor allem aus zwei Gründen meist sehr viel Geld:

- Zum einen zählen Fachkräfte in der Informationstechnologie- und Computerbranche zu den sehr gut bezahlten Arbeitskräften, weswegen die Stundensätze für qualifiziertes Fachpersonal natürlich entsprechend hoch anzusetzen sind. Zu diesen kommen noch Spesen und Mehrwertsteuer hinzu.

- Zum anderen muss man sehr häufig die Erfahrung machen, dass in diesem Metier oftmals nichts so klappt, wie es in Hochglanzprospekten versprochen wird, schon gar nicht dann, wenn eine Sache vermeintlich »per Knopfdruck« funktionieren soll. Was schief gehen kann, geht in vielen Fällen auch wirklich schief. Das erhöht zusätzlich den Arbeitsaufwand und damit die Kosten.

Was bedeutet das konkret? Nehmen wir an, Sie haben soeben einen recht ordentlichen PC zum Preis von etwa 800 Euro erworben. Nehmen wir weiter an, Sie lassen sich das System bei sich zu Hause installieren und sich bei dieser Gelegenheit von einem kompetenten Fachmann in die neu erworbene Technik und ihre zweckmäßige Nutzung einweisen. Erfahrungsgemäß müssten Sie nochmals gut die Hälfte des Kaufpreises, in unserem Beispiel also ca. 400 Euro, zahlen.

Wer sich diesen Komfort wirklich leisten kann und will, ist ganz bestimmt erfolgreich unterwegs. Viele von uns werden jedoch schon aus Kostengründen eine der anderen beschriebenen Strategien wählen müssen.

Gehen wir also ein Stück Wegs mit einem Kollegen, der die Angelegenheit gerne selbst in die Hand nimmt. Nach der vorher entwickelten Terminologie handelt es sich hierbei um einen typischen Vertreter der sogenannten Sisyphusstrategie. Der Einfachheit halber möchte ich Ihnen ein möglicherweise erkenntnisreiches Beispiel aus meinem Bekanntenkreis vorstellen.

Kürzlich hatte nämlich ein guter Freund, nennen wir ihn ganz einfach Gerd, ein Schlüsselerlebnis der besonderen Art. Sein Anliegen war ein zunächst eher bescheidenes: Er wollte für seinen PC eine schnellere Verbindung zum Internet erwerben. Genauer gesagt, er gedachte zunächst einmal zu erfragen, was für diesen Zweck an technischen Lösungen angeboten wird, was die Sache kostet und wie er – laienhaft versteht sich – am besten vorzugehen hätte.

Was er dann erleben durfte, entpuppte sich schließlich als eine kuriose Veranstaltung irgendwo zwischen klassischem Drama und moderner Comedy. Und das kam so:

Er betrat das Verkaufsareal des in unserer Gegend renommiertesten Hightech-Ladens und schlenderte lässig (so seine spätere Erinnerung) an den in vorderster Linie aufgereihten Großbildschirmen entlang in Richtung PC-Regal. Listigerweise hatte man die Großbildschirme samt und sonders unter Strom gesetzt – man musste also zwangsläufig hinschauen – und als sensationelle Messeneuheit ausgewiesen. Doch irgendwie gelang es ihm, der Versuchung des Nähertretens zu widerstehen, und so stand er alsbald wie geplant inmitten des aktuellen PC-Angebots, sozusagen zwischen A wie Adapter und Z wie Zusatzspeicher. Seine Haltung wird wohl noch immer lässig gewesen sein, aber irgendwie beschlich ihn das unbestimmte Gefühl, weniger lässig und stattdessen zunehmend als hilfsbedürftig zu erscheinen.

Dies wurde wohl auch vom irgendwo vorhandenen Fachpersonal bemerkt, denn schließlich bewegte sich ein Mitarbeiter des Geschäfts auf den potenziellen Kunden zu. Gerd, der für einen kurzen Moment noch darüber nachgedacht hatte, ob den Mitarbeiter primär das Mitgefühl mit einem etwas verunsichert wirkenden älteren Herrn oder eher die Hoffnung, einen lukrativen Verkauf tätigen zu können, motiviert hatte, war letztlich einfach froh, sein bescheidenes Anliegen einem echten Fachmann vortragen zu dürfen.

Ob er für seinen PC wohl eine schnellere Verbindung ins Internet bekommen könne, wollte er also wissen, nachdem man zuvor die in solchen Geschäften übliche Grußformel eines kurzen »Hi« ausgetauscht hatte.

Ja, das sei schon irgendwie möglich, hörte Gerd den Fachmann sagen. Dann wollte dieser wissen, über welche PC-Ausstattung unser Freund derzeit verfüge.

Die Wortwahl war in der Erinnerung von Gerd freilich eine andere, eher eine technisch-spezifische. Das hatte zur Folge, dass er die eigentliche Frage nicht exakt verstehen, geschweige denn präzise beantworten konnte. Sinngemäß aber war er sich sicher, dass der Verkäufer wissen wollte, welches PC-Grundmodell er derzeit besitze.

Da nun gewann Gerd sein Selbstbewusstsein sogleich voll zurück, denn er konnte sagen, er sei stolzer Besitzer eines in diesem Laden vor einiger Zeit erworbenen Geräts. So ganz sicher ist Gerd sich dessen nicht, aber er meint sich zu erinnern, auch den damaligen Kaufpreis von mehr als tausend Euro angedeutet zu haben.

Sein Gegenüber war mit dieser Auskunft erkennbar unzufrieden. Wann exakt der PC gekauft worden sei, wollte er wissen. Vermutlich hatte er inzwischen die Schwierigkeit erkannt, von Gerd Näheres über den Typ der Hardware oder den Stand der Software seines PCs zu erfahren.

Gerd sagte ihm, er hätte das Gerät vor gut drei Jahren gekauft. Diese Auskunft zeigte Wirkung. Später war uns beiden klar, man hatte den Herrn Verkäufer irgendwo zwischen Zumutung und Beleidigung getroffen. Auch wurde uns später bewusst, dass man heutzutage einen drei Jahre alten PC nicht mehr erweitert, sondern allenfalls verschämt an jemand Bedürftigen weitergibt, um frei zu sein für neueste Technik. So zumindest die Perspektive des qualifizierten Fachhandels.

In der fraglichen Gesprächssituation trat natürlich die vorhersehbar längere Pause ein. Sie konnte erst durch Gerds Frage beendet werden, ob er nicht besser gelegentlich noch einmal mit den technischen Unterlagen zu seinem PC vorbeischauen dürfe, denn die hätte er immer noch geordnet beisammen. Dann könnte man ja sehen, ob nicht doch auch für diesen vergleichsweise betagten PC ein schnellerer Internetzugang zu finden sei.

Höflich nahm man diesen Vorschlag entgegen, sichtbar erleichtert, dass eine Lösung gefunden war, wenn auch nicht technisch, so doch in punkto weiteres Vorgehen.

Gerd schlenderte daraufhin in Richtung Ausgang, nach eigener Erinnerung nicht mehr ganz so lässig wie beim Betreten des Ladenlokals, aber mit einem gewissen Stolz, nicht völlig kapituliert zu haben mit seinem angeblich veralteten PC, der doch noch so fantastisch funktionierte.

Um allerdings ehrlich zu sein: Das Beharrungsvermögen meines Freundes hatte nach diesem Erlebnis seinen Zenit bereits merklich überschritten. Ich ertappte ihn nämlich alsbald beim Blättern in neuesten PC-Prospekten und parallel dazu bei einer Überschlagsrechnung, um zu eruieren, in welcher Höhe unter der Kostenart »sonstige Investitionen zur sinnvollen Gestaltung des Seniorendaseins, Rubrik moderne Technik« Ausgaben möglich seien.

Um die Sache abzukürzen, verblüffend rasch wurde ein doppelter Entschluss gefasst, nämlich erstens einen neuen PC anzuschaffen, natürlich sogleich mit schnellstem Internetzugang, und zweitens einen Bekannten mit PC-Sachverstand beim bevorstehenden Kauf zu Rate zu ziehen. Damit vollzog mein Freund den Übergang von der Sisyphus- zur Soziusstrategie, und mir fiel die Rolle des beratenden Experten zu.

### *Klug ist, wer sich helfen lässt*

Nun ging aus Sicht von Gerd alles Schlag auf Schlag. Der Kauf seines nächsten PC samt schnellem Internetzugang erwies sich nach seiner eigenen Aussage als Erfolgserlebnis auf der ganzen Linie. Und das kam so:

Wir suchten gemeinsam den Ihnen bereits bekannten Hightech-Laden auf und marschierten direkt in Richtung PC-Regal. Anders als bei Gerds vorangegangenem Besuch entwickelte sich das nachfolgende Verkaufsgespräch sogleich recht konstruktiv, auch für Gerd als interessierten Laien. Als solchen hatte er sich nämlich ausgewiesen, und er fühlte sich in dieser Rolle ganz offensichtlich zunehmend wohl.

Dieser für ihn komfortablen Situation lag eine wichtige Vereinbarung zwischen uns beiden zugrunde. Wir hatten nämlich ausgemacht, dass der technische Kauderwelsch ausschließlich zwischen den Fachverkäufern und mir abzuhandeln sei. An Gerd hingegen sollte jeweils nur das Wesentliche davon weitergegeben werden, und zwar in möglichst klar verständlichem Deutsch.

Und siehe da, was viele unserer hoch geschätzten Experten wohl kaum für möglich halten, funktionierte mit einem Mal so richtig gut.

Hier ein kurzer Gesprächsauszug mit jeweils fachlicher Variante und nachfolgend sinngemäßer Übersetzung in eine allgemein verständliche Sprache:

Das Fachliche des Verkäufers zum PC:

> »Prozessor: AMD Athlon 64 4000+ 64bit AM2 Mainboard: Sockel AM2 nVidia NF-6100-405 2 x PCI; 1x P-ATA133; 2x S-ATA300; LANRealtek RTL8201CL; Audio Realtek ALC888; 4x USB 2.0; 1x Par; max. 8192 MB RAM«

Meine Übersetzung in eine allgemein verständliche Sprache:

> »Technisch einwandfreier, neuer PC mit ausreichend großer Leistung«

Das Fachliche des Verkäufers zum Speichervolumen:

> »Arbeitsspeicher: DDRII 512MB DDR667-RAM
> (optional 1024MB)
> Festplatte: SATAII 160GB / 7200 (optional 400GB)«

Meine Übersetzung in eine allgemein verständliche Sprache:

> »Ausreichend große Speicherkapazität, bei Bedarf erweiterbar«

Das Fachliche des Verkäufers zum Internetzugang:

> »3COM 11 a/b/g Wireless PC-Card Xjack Wireless PC-Card 802.11 a/b/g

- Transferrate: 54 Mbit/s
- Verschlüsselung: WEP, WPA, AES
- Maße: 116 x 50 x 2 mm«

Meine Übersetzung in allgemein verständliche Sprache:

> »Gute Voraussetzung für Internetanschluss mit allem drum und dran«

Das also ist des Pudels Kern, könnte man frei nach Goethe sagen, wenn erst einmal der mystische Schleier der technischen Hohen Priesterschaft gelüftet ist. Warum nicht gleich? Nun, hierzu gibt es tatsächlich ein paar plausible Erklärungen, darunter auch solche, die sich absehbar nicht fundamental korrigieren lassen.

Zum einen sind PC und Internet noch relativ jung, sie befinden sich sozusagen in ihren Flegeljahren. Das führt zu extrem raschen Veränderungen, zu ständig neuen Techniken und Methoden und nicht zuletzt auch zu der allgemeinen Sprachverwirrung, die wir zuvor als technischen Kauderwelsch bezeichnet haben.

Zum anderen wird es wohl immer so sein, dass sich rund um eine neue Technik eine Art Hohe Priesterschaft etabliert, die ihr Allerheiligstes sorgsam bewacht und nicht im Entferntesten daran denkt, sich von Außenstehenden in die Karten schauen zu lassen. Im konkreten Fall haben wir es mit sogenannten Informationstechnikspezialisten (IT-Spezialisten) zu tun, die je nach fachlichem Tiefgang für den Normalverbraucher kaum noch oder gar nicht mehr zu verstehen sind.

Solche Befunde sollten also nicht weiter überraschen, sondern stattdessen ermuntern, sich auf die momentane Situation geschickt einzustellen. Beispielsweise dadurch, dass man sich im Sinn der Soziusstrategie eines persönlichen Beistands versichert, der im Zweifel auch in der Lage ist, als Dolmetscher den besagten technischen Kauderwelsch in eine allgemein verständliche Sprache zu übersetzen.

So also geschehen im Fall des beschriebenen PC-Kaufs. Ach ja, zu dessen endgültig erfolgreichem Abschluss musste der Preis natürlich auch noch stimmen. Das zu beurteilen, sollte wiederum meine Sache sein. Meinem Freund genügte schließlich die Aussage, dass der Kauf insgesamt in Ordnung geht. Kurz darauf fanden wir uns bei ihm zu Hause wieder, die Installation der Geräte und die Inbetriebnahme einschließlich Internet erwiesen sich für Gerd als problemlos durchführbar, mein Beitrag konnte sich auf minimale Hilfestellungen beschränken.

Nun sind der Kauf eines PCs und seine Installation die eine Seite der Medaille. Spannender sollte aber doch wohl die sich anschließende Nutzung sein, das Hineinfinden in die neue Welt der Kommunikation, weltweit und offen, versteht sich. Freilich gilt auch hier der bekannte Grundsatz, dass nichts von selbst geschieht, ein gerüttelt Maß an eigener Initiative gehört auf jeden Fall dazu. Und wie nicht anders zu erwarten, gibt es natürlich reichlich positive, aber auch gelegentlich eher negative Erlebnisse von Senioren im Umgang mit der neu erworbenen Technik.

Ein Beispiel zum Schmunzeln bietet ein kürzlich pensionierter Gymnasiallehrer aus meinem näheren Bekanntenkreis, den wir Hans nennen wollen. Am Tag seiner Pensionierung hatte er keine Ahnung von PC und Internet. Dennoch oder gerade deswegen nahm er sich vor, mit PC und Internet neue und erfolgversprechende Aktivitäten in seine zukünftig reichlich vorhandene Freizeit einzubauen. Hans genoss über viele Jahre den Ruf, ein guter und beliebter Lehrer zu sein. Insgeheim war dies nach Meinung von Kollegen, die nicht unbedingt mit vergleichbaren Sympathiewerten aufwarten konnten, nicht zuletzt auf seine selbst für Schüler von heute attraktiven Fächer Sport, Biologie und Werken zurückzuführen.

Für unsere Betrachtung kommt dieser Fächerkombination indessen eine besondere Bedeutung zu. Hans war nämlich nicht nur Lehrer, sondern zugleich engagierter Jugendtrainer im örtlichen Sportverein und außerdem maßgeblich an Aufbau und erfolgreicher Weiterentwicklung des regionalen BUND beteiligt. Letzteres brachte ihn auf den Gedanken, mit PC und Internet junge Menschen anzusprechen und für eine Mitarbeit bei dieser guten Sache zu gewinnen. Als besondere Attraktion sollte dabei die Entwicklung einer eigenen Homepage dienen.

Der Plan ging auf. Inzwischen besteht eine starke Jugendgruppe mit beachtlichem Engagement für Natur und Umwelt, so wie es in den Grundsätzen des BUND verankert ist. Und unser Senior Hans, wie empfindet er in Anbetracht eines solchen Erfolgs? Leicht schmunzelnd und ein wenig spitzfindig gibt er zu, dass er auf solchen Erfolg zwar gehofft, aber bei Weitem nicht gewettet hätte. Nicht zuletzt freut er sich über seinen eigenen Einstieg ins PC-Metier, der mittlerweile als geglückt bezeichnet werden kann, sowie sein dadurch gefestigtes Renommee bei den jungen Leuten.

Ein anderes Beispiel, ebenfalls aus meinem Bekanntenkreis, vermittelt hingegen einen zunächst eher negativen Aspekt zum Kapitel Senioren und PC. In diesem Fall hatte ein Ehepaar für sich beschlossen, dass man solch modernes Zeug im Grunde überhaupt nicht braucht. Das koste nur unnötig Zeit und Geld, so die abschließende Auffassung der beiden. Im Übrigen besitze man eine Schreibmaschine mit Korrekturtaste. Diese sei auf ewig von keinem PC hinsichtlich Komfort und Wirtschaftlichkeit zu übertreffen.

Nun ja, es war schon immer kompliziert bis aussichtslos, gegen massive Vorurteile zu argumentieren. Hier kam erschwerend hinzu, dass die besagten Herrschaften prinzipiell und gerne eine gewisse Abstinenz gegenüber moderner Technik zeigten, gelegentlich gepaart mit einem subtilen Hinweis auf das eigene intellektuelle Niveau, das kaum mit trivialer Technik zu vereinbaren sei.

Ein wenig konnten einem die beiden im Verlauf der Zeit jedoch leid tun, denn sie gerieten zunehmend in die Defensive. Insbesondere natürlich immer dann, wenn andere von ihren Erfolgserlebnissen rund um den PC zu berichten wussten. Beispielsweise also auch, wenn jemand von den eigenen Junioren erzählte, die mit Sack und Pack mehrere Wochen lang durch Südamerika oder durch Neuseeland zogen. Wie besser als mittels E-Mail hätte man auf bequeme und zugleich kostengünstige Art zu ihnen Kontakt halten können?

Bis das Eis bei unseren PC-Skeptikern schließlich gebrochen werden konnte, bedurfte es allerdings überzeugenderer Beispiele. Der wohl entscheidende Impuls ergab sich bei Gelegenheit eines Vortrags, den unser Freund über sein Hobbythema »Leben im Naturpark

Schwarzwald« halten sollte. Zur Absprache mit dem Veranstalter kam er mit den bis dato gebräuchlichen Folien für einen herkömmlichen Tageslichtprojektor daher, diese wie üblich nicht besonders gut lesbar. Zusätzlich wäre noch ein Diaprojektor erforderlich gewesen, denn Bilder sollten natürlich ebenfalls gezeigt werden.

Auf den Vorschlag des Veranstalters, die gesamte Präsentation mit PC und PowerPoint zu unterlegen, konnte der Vortragende schon deswegen nicht konstruktiv reagieren, weil er von alledem keine Ahnung hatte. Stattdessen kamen ihm Bedenken, der bemerkenswerte Inhalt seines Vortrags könnte möglicherweise durch den PC-Einsatz geschmälert werden. Daraufhin bot man ihm an, die Technik für ihn zu realisieren und zu bedienen. Er könne seinen Vortrag wie gewohnt halten. Es wäre dann lediglich so, als würden die ursprünglichen Folien und Bilder von jemand anderem für ihn aufgelegt. Und siehe da, alles funktionierte schließlich makellos.

Mehr noch, unserem Freund wurde durch dieses Erlebnis mit einem Mal klar, dass der PC samt seiner modernen Projektionssoftware nur ein technisches Hilfsmittel war, so wie zuvor Tageslicht- oder Diaprojektoren auch, allerdings deutlich besser und flexibler. Die inhaltliche Qualität des Vortrags hing dagegen ausschließlich, so wie immer schon, vom Wissen und Können des Autors ab. Dank dieser Erkenntnis ließen sich die anfänglichen

Vorbehalte gegenüber dem PC ohne Gesichtsverlust zurücknehmen. Wie dementsprechend zu erhoffen, zählt unser Ehepaar mit seinem besonderen intellektuellen Anspruch inzwischen längst schon zur Gemeinde der ganz normalen PC-Benutzer.

Beispiele dieser Art ließen sich noch reichlich finden, natürlich auch solche, bei denen sich die handelnden Senioren mit außerordentlichem Enthusiasmus in das Abenteuer PC und Internet stürzten. Für unsere Betrachtung und für unser Motto, man möge sich die Technik untertan machen, liegt der besondere Reiz jedoch weniger in der Vielzahl der Fälle als vielmehr in einem möglicherweise zu erkennenden Grundmuster für Erfolg oder Misserfolg in diesem Metier.

Ohne Anspruch auf Vollständigkeit oder gar wissenschaftliche Systematik lassen sich dazu ein paar lockere Aussagen treffen. Die erste ist zum wiederholten Male diejenige, dass die beste Voraussetzung für einen erfolgreichen Einstieg immer dann gegeben ist, wenn man als Senior möglichst frei und unvoreingenommen an die Sache herangeht. Man sollte dies immer wieder im Bewusstsein tun, dass nichts zu verlieren, jedoch sehr viel zu gewinnen ist.

Die zweite Aussage bezieht sich auf die bereits hinreichend zitierten Privilegien unserer Generation. Im

Unterschied zu allen anderen, die den PC, das Internet und jede sonstige Technik zwingend erlernen und beherrschen müssen, zumeist unter großem zeitlichem und finanziellem Druck, können wir dieses Kapitel nun wirklich locker und entspannt angehen. Was will man mehr, als im Zweifel jederzeit für sich entscheiden zu können, ob der eingeschlagene Weg in Ordnung geht oder die Karten neu gemischt werden müssen. Dies schließt einen Misserfolg auf Dauer faktisch aus.

Für uns besteht also die Freiheit, im Grundsatz selbst zu bestimmen, wie wir uns dem PC und dem Internet nähern wollen. Nun ja, empfehlenswert wäre schon, sich im Sinne der Soziusstrategie nach Möglichkeit irgendwie anzulehnen und im Bedarfsfall auch wirklich helfen zu lassen. Doch auch als Sisyphus oder Luxusstratege kann man durchaus seine gesetzten Ziele erreichen.

*Das richtige Augenmaß ist gefragt*

Vielleicht sind wir nach diesen Ausführungen an einer Stelle angelangt, die uns Senioren zu einer bewussten Positionsbestimmung für einen erfolgversprechenden Umgang mit PC und Internet befähigt. Von ausschlaggebender Bedeutung wird dabei sein zu entscheiden, in welcher Weise wir die Technik des PC und des Internets überhaupt nutzen wollen. Wie nicht anders zu erwarten, sind dazu recht unterschiedliche Varianten vorstellbar und auch zu beobachten:

- Zuerst denken wir vermutlich an die wahren Freaks, so wie man Leute mit ausgeprägtem technischem Know-how neuerdings gerne bezeichnet. Nun ja, vor denen möchte man einerseits den Hut ziehen, denn sie haben sich durchaus tief und eindrucksvoll in dieses neue Metier eingearbeitet. Ob sie allerdings als nachahmenswertes Vorbild dienen können, muss ein jeder für sich selbst entscheiden. Nebenbei bemerkt sind uns diese Freaks als Partner beim Praktizieren der zuvor entwickelten Soziusstrategie natürlich hoch willkommen.

- Am anderen Ende der Skala finden wir die sympathische Garde der Technikignoranten. Sympathisch deshalb, weil diese Herrschaften ehrlich und offen bekennen, dass Technik für sie immer nur Mittel zum Zweck und niemals Selbstzweck ist. Geradeso wie bei ihrem Auto, das sie weder in punkto Einspritzpumpentechnologie noch hinsichtlich einer intelligenten Radaufhängung interessiert. Von Interesse ist ausschließlich, wie man mit seinem Vehikel auf bequeme, sichere und wirtschaftliche Art von A nach B gelangt.

- Wie so oft liegt der vermutlich klügste Weg auch bei der Nutzung von PC und Internet irgendwo zwischen den Extremen. Warum auch nicht? Anders als beim Auto zeigt sich nämlich immer wieder, dass für einen erquicklichen Umgang mit der neuen Technik gewisse fachliche Grundkenntnisse nicht nur hilfreich, sondern irgendwie auch erforderlich sind. Und das Beruhigende an dieser Feststellung: Solche Grundkenntnisse kann man sich recht einfach aneignen. Es macht offenkundig sogar Spaß, sich als Senior Erfolgserlebnisse mit dem Erlernen von Basiswissen rund um den PC zu verschaffen, beispielsweise zur Textverarbeitung mit WORD oder zu populären Internetsuchmaschinen wie Google oder Yahoo. Geeignete Kurse und hervorragende Lehrbücher findet man heutzutage überall.

Vor Perfektion allerdings sei gewarnt, denn allzu leicht kann man sich im Dickicht der Programm- und Systemangebote dieses äußerst dynamischen Marktes verlieren. Eher wird es sinnvoll sein, sich an die »80-zu-20-Regel« des bekannten Pareto-Prinzips zu erinnern. Sie besagt, dass sich viele Aufgaben mit einem Mitteleinsatz von nur etwa 20 Prozent so erledigen lassen, dass 80 Prozent aller Probleme gelöst werden.

Vertrauen wir also diesem vielversprechenden Prinzip und formulieren einige Empfehlungen für Senioren zum pragmatischen Umgang mit PC und Internet:

- *Kaufen Sie grundsätzlich im guten Fachgeschäft und lassen Sie sich dabei von einem Experten Ihres Vertrauens beraten.* Die Preise sind dort natürlich höher als beim Discounter oder bei einer Schnäppchenjagd im Internet. Dafür können Sie sich im Allgemeinen darauf verlassen, dass man Ihnen bei späteren Problemen auch wirklich hilft. Aus eigener Erfahrung kann ich sagen, dass sich die anfänglichen Mehrkosten auf Dauer bezahlt machen.

- *Sparen Sie nicht am falschen Ende, weder an Ihrem PC noch an Ihrem Internetanschluss.* Ich habe Fälle erlebt, bei denen anfängliche Euphorie in schiere Enttäuschung umschlug, nur weil Leistung und Zuverlässigkeit der Systeme doch sehr zu wünschen übrig ließen. Das Fatale dabei ist, dass verloren gegangene Motivation selbst mit erheblichem Mitteleinsatz meist nicht wieder wettgemacht werden kann. Es ist wie mit der Schwangerschaft, ein bisschen schwanger gibt es bekanntlich nicht. Ein bisschen PC mit einem bisschen Internet sollte man erst gar nicht versuchen.

- *Sparen Sie insbesondere nicht bei den offiziellen Lizenzen für die Basissoftware Ihres PC,* das sind Betriebssystem, Textverarbeitung (im Rahmen sogenannter Office-Programme) und Internetzugriff (Internet-Explorer). Bill Gates, der legendäre Inhaber der weltgrößten Softwareschmiede Microsoft, ist zwar reich genug, dem sollten Sie nicht mehr als nötig abkaufen. Sinnvoll allerdings wird es sein, die Softwareprodukte von Microsoft, die heutzutage bei der überwiegenden Mehrzahl von PCs verwendet werden, sauber zu lizenzieren. Nur dann sind Sie sicher, dass Ihnen die laufende Betreuung durch Microsoft und die notwendige Unterstützung im Problemfall garantiert sind. Auch hier kommt einem der vermeintlich eingesparte Euro auf Dauer teuer zu stehen.

- *Nutzen Sie zunächst nur die Grundfunktionen Ihres Systems, bis Sie diese hinreichend sicher beherrschen.* Erst dann macht es Sinn, sich weitere Funktionen anzuschauen und bei Bedarf anzuwenden. Es ist wie beim Telefon. Selbst ein gestandener Senior, der keineswegs technikfeindlich eingestellt sein muss, wird kaum mehr als zehn Prozent aller angebotenen Funktionen eines solchen Apparats verwenden wollen. Schlimmer noch: Er benötigt im Zweifel erst einmal mehr Zeit und Geduld dafür, allen möglichen technischen Firlefanz (die Hersteller und die Verkäufer sagen dazu Komfort) auszuschalten, als dafür, das Gerät z. B. durch die Eingabe von Telefonnummern, die er häufig anrufen möchte, auf das vorzubereiten, was er eigentlich mit ihm tun möchte, nämlich telefonieren.

- *Quälen Sie sich nicht mit dem Studium von bombastischen Handbüchern, unübersichtlichen Bedienungsanleitungen oder anderweitigem Material,* das Ihnen unter der Rubrik »leichter Umgang mit PC und Internet« in allen möglichen Schattierungen angeboten wird. Denn erstens braucht man von alledem nicht mehr als beim soeben genannten Beispiel des Telefons, wenn es viel ist vielleicht fünf oder zehn Prozent. Und zum anderen funktioniert bei guter Software – und nur die sollte man sich zulegen – die Hilfe-Taste (Help-Funktion) in aller Regel durchaus zufriedenstellend. Deren Funktion sollte man sich ausführlich zeigen lassen; die Telefonnummer eines guten Bekannten, den man im konkreten Problemfall anrufen und fragen kann, hat man ja ohnehin längst parat.

- *Wenden Sie hingegen äußerste Sorgfalt bei der Eigenorganisation Ihres PC auf.* Dies betrifft beispielsweise die Systematik der Dateiorganisation, die klar und übersichtlich gestaltet werden muss, damit Sie später Ihre Briefe, Bilder und sonstigen Dokumente problemlos wiederfinden. Lassen Sie sich bei dieser Arbeit von Anfang an intensiv unterstützen. Mindestens die gleiche Aufmerksamkeit sollte der Datensicherung und der Verhinderung eines Virenbefalls zukommen. Ich habe immer wieder erlebt, welche Frustrationen entstanden, wenn infolge unzureichender Datensicherung ganze Bibliotheken verloren gegangen sind oder Viren das System verseucht haben. Dies muss nicht sein, hier genügen einige wenige Grundregeln und die Disziplin, seine Daten regelmäßig zu sichern sowie Virenschutzprogramme offiziell zu lizenzieren und auf dem neuesten Stand zu halten.

- *Lassen Sie sich nicht zu einer Investition in Richtung »Senioren-PC« verführen,* denn dadurch geraten Sie auf ein ausgesprochen unsicheres und höchst fragwürdiges Gleis am Rand der generellen Marktentwicklung. Bei allem Respekt vor einer im Grunde guten Absicht stellt sich sofort die Frage, ob dieses Risiko wirklich eingegangen werden muss, wenn bereits heute genügend Ansätze bestehen, die standardmäßig von führenden Herstellern angebotenen Systeme gezielt auf seniorengerechte Funktionen einzustellen. Am Beispiel von WORD etwa durch Ausblenden einer Vielzahl spezieller Optionen, die wir Senioren im alltäglichen Gebrauch nie und nimmer vermissen werden.

- *Lassen Sie sich nicht dazu verleiten, ständig neue Programme einzusetzen, wenn Sie bereits über funktionsgleiche Software verfügen.* Als typisches Beispiel in diesem Zusammenhang möge Software für die Verarbeitung und Verwaltung Ihrer Bilder und Fotoalben dienen. Seien Sie froh, wenn Sie eine erste Systematik gefunden haben und bleiben Sie dabei, denn so schlecht kann Ihre Software gar nicht sein, dass Sie den Aufwand und das Risiko einer kompletten Umstellung in Kauf nehmen müssten. Natürlich kommen immer wieder Angebote ins Haus geflattert, natürlich werden Ihre Freunde mit aus ihrer Sicht tollen Programmen werben. Bleiben Sie eisern und bedenken Sie, dass die einen ein Geschäft mit Ihnen machen wollen und die anderen das eigene Programm vielleicht nur deswegen so fabelhaft finden, weil sie es besonders gut kennen und Ihres möglicherweise nicht. Auch hier gilt der Grundsatz, dass wir nicht Technik, sprich Programme, um ihrer selbst willen einsetzen, sondern stets nur als Mittel zum Zweck.

- *Stellen Sie sich darauf ein, dass im Bereich PC und Internet immer wieder revolutionäre Entwicklungen geschehen, die alles zuvor Gültige definitiv über Bord gehen lassen.* Ein Beispiel betrifft den PC selbst, der uns doch so sehr ans Herz gewachsen ist. Nach seriösen Prognosen wird er in vielleicht gar nicht ferner Zukunft im privaten Umfeld überhaupt nicht mehr gebraucht. Experten gehen nämlich davon aus, dass die Basisfunktionen des PC schon bald im Internet angeboten werden, und zwar billiger und verlässlicher, als wir das heute kennen. Für den Zugriff genügt dann ein einfaches Terminal, das uns zugleich mit allen übrigen Kommunikationsverbindungen versorgt. Eine andere Vorhersage betrifft die gesamte Welt des Fernsehens, der Filme und der Unterhaltungselektronik schlechthin. Wenn diese Prophezeiungen eines Tages wahr werden sollten, dann kauft man sich eine multifunktionale Technik, wie immer die auch heißen mag, und erledigt damit einfach alles. Doch zugegeben, auf solche Zukunftsmusik sollten Sie nicht zu sehr hören. Denn erstens weiß keiner wirklich genau, wann und wie die Prognosen wahr werden, und zweitens wäre es einfach zu schade, wenn Sie bis dahin die derzeit bestehenden Möglichkeiten nicht nutzen würden, die doch schon so fantastisch funktionieren.

- *Apropos »revolutionäre Entwicklungen«: Es wird zunehmend deutlich, dass im Bereich PC und Internet zwei prinzipiell unterschiedliche »Welten« miteinander konkurrieren, vertreten durch die Giganten Microsoft auf der einen und Google auf der anderen Seite.* Microsoft steht – man höre und staune – für die »alte« Welt. Sie basiert auf dem bisher gängigen Konzept des mit eigener Festplatte und eigenen Programmen ausgestatteten PC. Und damit verdient Microsoft sein Geld, was man inzwischen fast schon als solide empfinden mag. *Google hingegen verkörpert die neue Welt des »Cloud Computing«,* ein neues Schlagwort, das wir sorgfältig registrieren sollten. Wörtlich übersetzt wäre der Computer künftig als »wolkig« zu empfinden. Nun ja, mit der modernen Wortwahl sollten wir vorsichtig umgehen und immer zu eigener Interpretation gelangen. Im vorliegenden Fall ist natürlich ganz konkret das Internet gemeint, das uns mithilfe des neuen Google-Browsers namens *Chrome* sämtliche Wünsche erfüllen soll, und zwar kostenlos. Weitere Angebote, die den PC von heute durch Netzfunktionen und internetfähige Handys ersetzen, kommen in rascher Folge auf uns zu. Das multifunktionale G1-Android-Handy von Google ist ein erster Kandidat, dem viele weitere folgen werden. Die nüchterne Konsequenz: Google verdient sein Geld immer weniger durch Lizenzen für die Nutzung seiner Produkte, sondern durch Reklame, die einem fein säuberlich bei jedem Zugriff serviert wird, und zwar präzise auf das jeweils erkannte Benutzerprofil zugeschnitten. Die Folgen für den Datenschutz sind natürlich verheerend, das Wortspiel vom *Datenschatz statt Datenschutz* macht längst die Runde. Politiker und Juristen sehen sich vor höchst diffizile Probleme gestellt, eine Lösung liegt in weiter Ferne. Und wir Senioren? Wir sollten uns auf beides einstellen, wie immer ohne jeden Stress. Lassen Sie uns die heutige Welt, an die wir uns ja gerade erst so richtig gewöhnt haben, auch weiterhin genießen. Und dann, dann schauen wir mal, was die Welt des Cloud Computing so alles zu

> bieten vermag. Im Übrigen wird es vermutlich kommen wie so oft. Wenn sich der Pulverdampf aus der Schlacht der Giganten erst einmal verzogen hat, werden die beiden Welten wie selbstverständlich miteinander koexistieren. So lange zumindest, bis es wieder etwas völlig Neues gibt.

Ziehen wir Bilanz. Wie könnte unser Fazit zum Abschluss dieses Kapitels über den Umgang von Senioren mit moderner Technik, allem voran mit PC und Internet, lauten? Erscheint das formulierte Ziel, sich die Technik untertan zu machen, als realistisch oder als Utopie? Sind wir Senioren, zugespitzt formuliert, möglicherweise doch überfordert, einem solchen Anspruch zu genügen?

Viele Beispiele machen Mut, ein im Trend eher positives Fazit zu ziehen: Ja, es ist möglich, als Senior den genannten Herausforderungen erfolgreich zu begegnen. Mehr noch, gerade wir Senioren besitzen das Privileg, so an die Technik heranzugehen, dass sie uns nicht überrollt, sondern als nützliches Werkzeug dienen kann.

Eine Empfehlung kann in diesem Zusammenhang nicht oft genug wiederholt werden: Gehen Sie den Weg nicht allein, sondern lassen Sie sich helfen. Besser noch, suchen Sie Kontakte zu Senioren mit gleich gelagerten Interessen. Das Internet bietet dazu natürlich die besten Möglichkeiten.

*Denkst du noch, oder googelst du schon?*
*(google.de)*

## Das Internet: Genial und barbarisch zugleich

*Was uns die Biologie verrät*

Wie eigentlich alles im Leben, so hat auch das Internet seine zwei Seiten. Auf die Schokoladenseite dürfen wir uns uneingeschränkt freuen, doch die kommt erst später dran. Zuvor sollten wir die schlimme Seite des Internets hinter uns bringen, ein wahrhaft finsteres Kapitel in einer ansonsten vielversprechend neuen Welt.

Doch machen wir uns den Einstieg nicht schwerer, als er ist. Versuchen wir es der Abwechslung halber mit einem kleinen Exkurs in die Biologie.

Dort gelten die primitivsten Lebewesen auf unserer Erde zugleich als die robustesten: Bakterien und ihre Kulturen existieren seit Milliarden von Jahren, sie sind zahlenmäßig von nichts anderem zu überbieten und sie werden wohl am längsten überleben, ungeachtet aller Katastrophen, die unserem Planeten im Verlauf der Zeit noch zustoßen werden.

Kurioserweise regt das Phänomen Internet mit seinem weltweiten Siegeszug zu gewissen Assoziationen mit der biologischen Erfolgsgeschichte von Bakterienkulturen an:

- Hier wie dort baut das gesamte Gebilde auf kleinsten, standardisierten Bausteinen auf, die sich in rasantem Tempo vermehren können und dadurch ein nahezu unbegrenztes Wachstumspotenzial entwickeln. Im Fall des Internet sprechen wir von einem offenen, sich selbst organisierenden System schier unbegrenzten Ausmaßes.

- Sterben Teile des Ganzen ab, beim Internet entspräche dies dem Ausfall einzelner Komponenten, so übernehmen andere Teile wie von selbst deren Funktion.

- Sollte ein weiteres Überleben oder eine zusätzliche Ausbreitung des Systems aufgrund veränderter Umweltbedingungen nicht möglich sein, so sorgen Mutationen dafür, dass es dennoch irgendwie weitergeht. Beim Internet handelt es sich zumeist um die Erweiterung von Funktionen, beispielsweise bei den Übertragungswegen für den Austausch von Daten. Auch der häusliche PC, der bekanntlich als geeignete Zugangspforte zum Internet dient, unterliegt dem Prinzip permanenter Erneuerung und Anpassung.

Diese Assoziationen lassen sich bei Bedarf beliebig weiterführen. So spricht man bei ungewollter Ausbreitung von Bakterienkulturen üblicherweise von Seuchen, beim Internet vielleicht etwas vornehmer von einer Epidemie, obwohl in letzter Konsequenz durchaus Vergleichbares gemeint sein könnte. In beiden Fällen haben wir es nämlich mit extrem negativen Eigenschaften zu tun.

Damit sind wir im Fall des Internets unwiderruflich bei der angekündigten unerfreulichen Seite angelangt, die zumeist verschwiegen wird, zumal von denjenigen, die nicht von den guten, sondern von den negativen Eigenschaften dieser modernen Technik profitieren. Es geht um wahrlich barbarische Angebote und Verbrechen, die sich in großer Zahl im Internet finden lassen, und zwar weitgehend ohne Kontrolle seitens staatlicher oder sonstiger gesellschaftlicher Institutionen.

Aus Gründen einer angemessenen Achtung allgemein anerkannter moralischer Grundsätze und aus Rücksicht auf solche Leser, die nicht bereits sämtliche Skrupel gegenüber menschlichen Untaten abgelegt haben, kann hier natürlich nicht alles offengelegt werden, was das Internet inzwischen bietet. Allerdings sieht sich der Autor verpflichtet, diese Problematik genügend deutlich anzusprechen, um seine Leser in die Lage zu versetzen, ein eigenes Bild zu gewinnen und schließlich selbst zu entscheiden, wann und wo man den persönlichen

Schlussstrich beim Zugriff auf die Angebote des Internets zieht.

Man möchte es ja nicht glauben, aber es ist nun einmal Tatsache: Das Internet dient heute als Plattform für jeden, wirklich jeden Straftatbestand, für jede Perversion, jeden Radikalismus und jede Grausamkeit. Und es ist raffiniert genug konstruiert, um immer wieder Schlupfwinkel für Verbrechen beliebiger Dimension zu bieten. Die Bemühungen von offizieller Seite wie auch von den für die Selbstkontrolle des Internets zuständigen Institutionen in Ehren, sie kommen allesamt nicht über die Rolle des Rufers in der Wüste hinaus, man könnte auch von zahnlosen Tigern sprechen.

Wie lässt sich das erklären und wo liegen die Ursachen für dieses offensichtliche Dilemma letztlich verborgen?

Versuchen wir es mit einer schlichten Analogie. Stellen wir uns dazu vor, man ließe Autos prinzipiell ohne Kennzeichen fahren. Stellen wir uns weiter vor, der Halter eines Fahrzeugs sei auf keinen Fall zur Verantwortung zu ziehen, wenn mit seinem Vehikel durch einen nicht identifizierbaren Dritten eine Straftat begangen wird. Dann hätten wir den Straßenverkehr weitgehend zum rechtsfreien Raum erklärt und wunderten uns nur wenig, wenn dort ab sofort das blanke Chaos herrschte.

Doch – man höre und staune – in analoger Form haben wir mit diesem Gedankenspiel ziemlich exakt die Situation im Internet beschrieben. Denn dort bestehen weitgehend ungelöst:

- das Problem der Anonymität von Teilnehmern und
- das Problem der Verantwortlichkeit für rechtswidrige Inhalte und Angebote.

Anonym zu bleiben, ist zunächst ein berechtigtes Anliegen. Problematisch wird es allerdings dann, wenn kriminelle Angebote ins Spiel kommen. Als vergleichsweise harmlos werden gegebenenfalls noch die Kategorien Sex und Pornografie empfunden. Doch wo liegen die Grenzen?

Spätestens beim Gedanken an Minderjährige und immer dann, wenn man unsere Gesetze vielleicht doch als irgendwie ernst gemeint versteht, wird man diesen Teil des Internets, so wie er sich heute darbietet, nicht akzeptieren wollen. Wer das nicht glaubt oder wirklich nicht weiß, worum es geht, möge mit dem berüchtigten F-Wort, egal ob auf Deutsch oder auf Englisch, über Google oder Yahoo einsteigen und sich die millionenfach vorhandenen Porno- und Gewaltseiten zur weiteren Auswahl anbieten lassen. Wohlgemerkt kostenlos und ungefiltert, man kann über die Ohnmacht von Recht und Gesetz demgegenüber im Grunde nur staunen.

Insbesondere mit Blick auf kriminelle Energie im Finanzbereich birgt das Internet nicht zu unterschätzende Gefahren. Betrugsfälle mit Bankkonten, mit gefälschten Abbuchungen und Rechnungen haben schon längst beängstigende Ausmaße erreicht. Das Ausspähen von persönlichen Daten ganz allgemein nimmt alarmierende Formen an. Und wenn man den Fachleuten glauben darf, dann stehen wir mit alledem erst am Anfang einer generellen Kriminalisierung im Internet.

Gegenwärtig können wir in diesem Zusammenhang ein allseitiges Erwachen beobachten. Endlich wird bewusst, dass es sich bei den Delikten rund um PC und Internet nicht nur um Randerscheinungen moderner Kommunikation oder um Kavaliersdelikte handelt, über die man locker hinwegsehen könnte. Auch die Politik erkennt die wahre Dimension dieser Entwicklung und sucht nach Mitteln und Wegen zur Eindämmung der offensichtlichen Gefahren für Bürger und Gesellschaft.

Aktuell existiert sogar die Vorstellung, den Datenschutz als grundlegende Rechtsnorm in das Grundgesetz aufzunehmen. Bei allem Respekt, das führt vermutlich kaum zum Ziel. Oder glaubt man im Ernst, der inzwischen weltweit organisierten kriminellen Energie mit bürokratischen und im Zweifel schwerfälligen Rechtsmitteln hier in Deutschland gewachsen zu sein? Den Bürgern und insbesondere uns Senioren bleibt letztlich nur die eine Empfehlung, nämlich sich selbst zu schützen: Eigene Daten mit Konteninformationen nach Möglichkeit nicht weitergeben, schon gar nicht an dubiose Adressen im Internet.

Nun kommt dies alles nicht von ungefähr, das Internet ist schließlich nicht eines Tages vom Himmel gefallen. Nein, die genannten Probleme ergeben sich als logische Konsequenz aus dem fast schon sakralen Sendungsbewusstsein der Gründerväter, ihr Internet um jeden Preis mit maximalen Freiheitsgraden für die Teilnehmer auszustatten. Es sieht so aus, als würde dieses Prinzip auch künftig durch keine Macht der Welt zu korrigieren sein, egal, was noch alles passieren mag.

So wird es ein zwingend vorgeschriebenes Nutzerkennzeichen, mit dessen Hilfe sich die Spuren von Straftaten im Internet verfolgen ließen, wohl niemals geben. Auch im Fall massiv krimineller Sachverhalte bestehen deshalb kaum Chancen, Täter rasch und eindeutig zu identifizieren. Im Übrigen gibt es schon längst ausgeklügelte Software zum Verwischen von Spuren für den Fall, dass Polizei oder Justiz einem Verdächtigen heimlich auf die Schliche zu kommen suchten. Gelegentliche Fahndungserfolge sind überwiegend zufallsbedingt und betreffen sicherlich nur die Spitze eines gigantischen Eisbergs.

Und sollten hierzulande ernst zu nehmende Maßnahmen zum Schutz der Bürger erwogen werden, so wie gegenwärtig zur Bekämpfung von Kinderpornografie im Internet, dann entsteht sofort das Problem der Internationalität. Die Möglichkeit, von einem fast beliebigen Punkt der Erde Inhalte ins Netz einzuspeisen, die dann wiederum an fast jedem Punkt der Erde abgerufen werden können, stellt das im Wesentlichen national ausgerichtete Justizwesen vor bis dato in diesem Ausmaß unbekannte Probleme.

Zur Illustration dieser Situation sei ein Beispiel aus dem Tätigkeitsfeld von **jugendschutz.net** angeführt. Bei dieser Organisation handelt es sich um eine vor gut zehn Jahren mit Unterstützung höchster politischer Instanzen in der Bundesrepublik Deutschland gegründete Initiative. Bei allen Verdiensten und Erfolgen dieser Organisation, sie scheitert immer wieder und tendenziell immer mehr an der Problematik internationaler Internetangebote. Dazu heißt es auf der Seite von **jugendschutz.net** unter der Überschrift »Pornografie im Ausland«:

»Frei zugängliche pornografische Angebote sind weiterhin im Ausland in großem Umfang verfügbar. Beispielsweise zählt YouPorn zu den zwanzig populärsten Websites in Deutschland. Direkte Handlungsmöglichkeiten gegen diese Angebote gibt es nicht.«

Die Versuche von **jugendschutz.net**, trotz dieser Ohnmacht irgendwie zu agieren, sind zweifellos ehrenwert, bei realistischer Betrachtung jedoch weitgehend wirkungslos. Zu den Angeboten aus dem Ausland führt **jugenschutz.net** aus:

»**jugendschutz.net** versucht, ihnen in Deutschland die Plattform zu entziehen und ihre Auffindbarkeit zu erschweren. Ihre Verlinkungen und Bewerbung auf deutschen Portalen kann beispielsweise wirksam verhindert werden. jugendschutz.net schlägt sie auch zur Indizierung vor, damit sie aus deutschen Suchindexen entfernt und nicht mehr gefunden werden. Angesichts der Masse pornografischer Angebote sind internationale Vereinbarungen nötig.«

Was aus diesen gut gemeinten Absichten bisher geworden ist, erfährt man am schnellsten durch die Eingabe von »YouPorn« in eine beliebige Suchmaschine: nichts. Zusätzlich erfährt man schließlich noch, dass ein Handybetreiber in Deutschland die Downloads von »YouPorn« blockiert hat. Doch auch diese Maßnahme bleibt ohne Wirkung: Die Anleitung zum Umgehen der Sperre wird gleich mitgeliefert. Offenbar handelt es sich wieder einmal um einen Fall für Hase und Igel.

Nun könnte der kritische Leser an die Situation in autokratisch regierten Ländern denken und sich fragen, ob die dort praktizierten Methoden zur Kontrolle des Internets nicht auch bei uns anwendbar wären. Die Antwort lautet eindeutig nein. Denn selbst wenn ein solches Vorgehen mit unseren Gesetzen vereinbar wäre, würde sich die Gesamtheit der Interessen, nicht zuletzt auch der wirtschaftlichen, gegen eine Einschränkung auf nationaler Ebene wehren. *Gegen die Allmacht des globalisierten Internets ist bei realistischer Betrachtung kein Kraut mehr gewachsen.*

Was bedeutet dies alles für einen »normalen« Benutzer des Internets? Die Antwort kann wiederum nur lauten: Ein jeder muss für sich selbst entscheiden, wie er mit dem Internet umgeht, was er tut und was er besser sein lässt.

Vergleichsweise einfach sollte die Entscheidung zu treffen sein, wenn es um Exzesse im Bereich von Gewalt und Pornografie geht. Denn abgesehen davon, dass im Internet alles leichter zugänglich ist als sonst im Alltag und damit zugleich die Hemmschwellen sinken, stellt sich diese Frage für Otto Normalverbraucher und Emma Normalverbraucherin ja nicht zum ersten Mal. Besondere Vorsicht ist allerdings geboten, wenn es um Minderjährige geht. Vertrauen Sie als verantwortungsbewusste Senioren in keinem Fall auf die Wirksamkeit von Sicherheitssoftware, sonst ergeht es Ihnen so ähnlich, wie vermutlich schon öfter mit Kindersicherungen bei gefährlichen Chemikalien oder Medikamenten. Bekanntlich haben Kinder und Jugendliche diese längst geknackt, bevor wir Älteren deren Funktionsweise auch nur annähernd verstanden haben.

Durchaus komplex stellt sich die Entscheidung für die Abwicklung von Geschäften im Internet dar, insbesondere in allen Belangen des sogenannten Electronic Banking. In aller Klarheit: Gehen Sie dieses Thema nur an, wenn Sie selbst wirklich fit im Umgang mit PC und Internet sind oder eine Person Ihres Vertrauens haben, die Sie beim Einstieg in dieses verlockende, aber auch höchst gefährliche Gelände nachdrücklich unterstützt. Es ist wie verhext. Die Möglichkeiten des Internets sind fantastisch und werden ständig attraktiver, in gleichem Maße wachsen aber auch die Gefahren des Missbrauchs, des Betrugs und damit des persönlichen Verlusts und finanziellen Schadens.

Passend hierzu ein Beleg von hoher Aktualität. Nach einer Veröffentlichung im Wochenmagazin Spiegel engagiert Microsoft als nach wie vor weltweit führender Hersteller von PC-Software inzwischen Hacker (das sind die berüchtigten »Experten« für das Knacken von Computersystemen), um mit ihrer Hilfe die eigene Software sicherer gegen unbefugten Zugriff zu machen. Diese

Leute sind sich einig: Ein digitaler GAU wie damals im Mai 2000, als das »I Love You«-Virus Tausende Rechner zum Absturz brachte, ist eher unwahrscheinlich. Denn die heutigen Bedrohungen sind weniger offensichtlich, aber genau deswegen noch gefährlicher: »Die nächste Computerkatastrophe werden die Nutzer nicht mehr am Abstürzen ihres Computers bemerken, sondern daran, dass ihr Konto geplündert ist«, so ein Sprecher dieser hehren Zunft. Dem ist nichts hinzuzufügen.

Unser Resümee: Lassen Sie sich nicht verführen durch die wohlfeilen Sprüche wie »Es geht alles ganz einfach, es geht alles per Knopfdruck.« Nichts geht ganz einfach, nichts geht per Knopfdruck, solange man es nicht verstanden und mit allen Gefahren und Fehlerquellen zu beherrschen gelernt hat. Und was Ihr Bankkonto anbelangt: Richten Sie sich ein kleines Konto für Electronic Banking ein und geben Sie Konten mit größeren Beträgen nicht für Onlinezugriffe frei. Dann bleibt Ihr Verlust bei einem möglicherweise eintretenden Schadensfall wenigstens begrenzt.

Doch nach all diesem Schlamassel soll jetzt erst einmal Schluss sein mit dem problematischen Teil des Internets. Jetzt wollen wir uns auf die Schokoladenseite dieser neuen Welt freuen, und dazu gibt es in der Tat reichlich Anlass.

*Die Schokoladenseite gibt es wirklich*

Im Grunde spricht das Internet ohne unser Zutun für sich selbst, man muss es lediglich nach sich selbst befragen. Das geschieht am einfachsten durch die Eingabe von »Internet« in eine der bekannten Suchmaschinen, beispielsweise in Google. Die Antwort und damit zugleich die enorme Verbreitung des Internets manifestieren sich in mehr als zwei Milliarden (!) Fundstellen. Unser Dilemma besteht also ein weiteres Mal nicht darin, Informationen zu finden, sondern darin, die geeigneten zu selektieren.

Es fällt schwer, dazu Empfehlungen abzugeben, denn die überwiegende Mehrzahl der zuerst angebotenen Artikel ist absolut in Ordnung. Subjektiv erscheint mir allerdings eine bestimmte Quelle als besonders reizvoll, denn sie dokumentiert zugleich eine neue Qualität dessen, was im Internet inzwischen möglich ist. Man könnte ohne Übertreibung von wahrhaft revolutionärem Geschehen im Bereich der Wissensdokumentation und der Wissensvermittlung sprechen, zumal letztere für jedermann weltweit kostenlos zur Verfügung steht. Die Quelle lautet **www.wikipedia.org**.

Dahinter verbirgt sich nach eigener Darstellung »ein Projekt freiwilliger Autoren, welches sich zum Ziel gesetzt hat, die Universalität einer klassischen Enzyklopädie mit dem Tiefgang eines Fachlexikons oder sogar eines Fachbuches zu einem freien Gesamtwerk zu vereinen«. Diese nüchterne, ja geradezu bescheidene Definition lässt die wahre Bedeutung des Vorhabens zunächst kaum erahnen. Es lohnt sich allerdings, einige Aspekte näher zu beleuchten.

Rückblende 1999: Im Juli dieses Jahres wird angekündigt, dass es keine gedruckte Neuauflage der *Encyclopedia Britannica* mehr geben wird. Dieses traditionsreiche Werk solle zukünftig ausschließlich online und auf CD-ROM angeboten werden, so die Mitteilung des Verlags. Hatte man die Zeichen der Zeit richtig erkannt? Vermutlich ja, allein in Europa wurden jährlich etwa 150 000 CD-ROMs für jeweils rund 140 DM verkauft. Inzwischen existieren allerdings beide Welten friedlich nebeneinander her. Liebhaber des gedruckten Buches haben damit ebenso ihre Freude wie die Fans von Internet und DVDs. Alles hübsch nachzulesen unter **www.encyclopaedia-britannica.de**.

Im Oktober desselben Jahres erklärt Vorstandsmitglied Florian Langenscheidt auf der Frankfurter Buchmesse, die große vierundzwanzigbändige Brockhaus Enzyklopädie werde nie auf CD-ROM erscheinen. Er sollte schon bald eines Besseren belehrt werden: Im Herbst 2002 kam das Produkt dann doch auf den Markt – zum stolzen Preis von rund 1000 Euro. Nicht genug damit, zugleich kündigte Brockhaus zusammen mit der Verlagsgruppe Holtzbrinck die Gründung des kommerziellen Wissensportals **xipolis.net** im Internet an (im Juli 2009 eingestellt). Somit wurden die Zeichen der Zeit auch dort erkannt, freilich erst nach einigem Zögern.

Doch dann der Hammer: Im Gegensatz zu den kommerziell ausgerichteten Unternehmungen macht sich eine Handvoll fantasiebegabter junger Leute anheischig, eine freie, offene und weniger formale Enzyklopädie einfach so im Internet entstehen zu lassen. Ihre Vision ging davon aus, dass sich das Konzept allein aufgrund des Interesses von Menschen, eigenes Wissen an andere weiterzugeben, schon irgendwie realisieren lasse. Dies war die Geburtsstunde von Wikipedia, der freien Enzyklopädie im Netz, nachzulesen unter **www.wikipedia.org**.

Inzwischen hat sich Wikipedia längst als Erfolgsgeschichte ohnegleichen erwiesen und ist aus dem modernen Informationsgeschehen weltweit nicht mehr wegzudenken. Artikel liegen mittlerweile in vielen Sprachen vor, neben dem führenden Englisch in Deutsch, Französisch, Japanisch, Polnisch, Italienisch, Chinesisch, Russisch und Spanisch, um nur die am stärksten vertretenen zu nennen. Und das innerhalb der wenigen Jahre seit der Gründung 2001. Wie lässt sich das erklären?

Der ansprechende Name Wikipedia, geschickt zusammengestellt aus *wikiwiki*, dem hawaiischen Wort für schnell, und dem englischen *encyclopedia*, kann sicher nur am Rande als Erklärung dienen. Nein, *die entscheidende Basis für den einmaligen Erfolg bildet das Internet,* und dies in zweifacher Sicht:

- Zum einen technisch: Kein zweites Medium, keine andere Infrastruktur besitzt die Eigenschaft des Internets, einen weltweiten Zugriff auf die Daten einer Enzyklopädie zu ermöglichen, und zwar zu denkbar günstigen Konditionen. Erst mit der Erfindung des Internets war es der Menschheit möglich, auf solch umfassende Weise in eine grenzenlose Kommunikation untereinander einzutreten.

- Zum anderen intellektuell: Wie sonst als durch die Möglichkeiten des Internets wäre die Entwicklung einer freien Enzyklopädie überhaupt vorstellbar gewesen? Diese Art und Weise des Denkens, die damit einhergehende Entstehung von sagenhaften Visionen und der naive Mut, das alles innerhalb kürzester Zeit tatsächlich realisieren zu wollen, setzte etwas elementar Neues voraus, eben das Internet. Vergleichbares hat es zuvor nie gegeben.

Wir sollten nicht unbedingt in grenzenloses Schwärmen geraten. Dennoch wird in diesem Zusammenhang deutlich, dass der Menschheit mit der Erfindung des

Internets ein Quantensprung gelungen ist, den ernst zu nehmende Zeitgenossen nicht ohne Grund mit der Erfindung des Buchdrucks vergleichen. Und wir Senioren? Können wir uns nicht glücklich schätzen, dass wir an dieser Entwicklung in angemessener und dazu auch noch vergnüglicher Form teilnehmen können?

Nebenbei regt die Erfolgsgeschichte von Onlineenzyklopädien, egal ob sie kostenlos angeboten werden wie Wikipedia oder im bezahlten Abonnement wie Britannica Online, zu der Frage an, ob man sich heutzutage überhaupt noch ein Lexikon ins Regal stellen sollte oder nicht. Die Gründe für das Internet sind hinreichend bekannt: Erstens kostet das gedruckte Exemplar ein Vielfaches vergleichbarer Onlinedienste. Darüber hinaus kann es naturgemäß niemals so aktuell gehalten werden wie sein Pendant im Netz.

Und dennoch spricht so manches Argument für das repräsentative Exemplar im Bücherschrank, dort zumeist gut sichtbar hinter der obligatorischen Glastür aufgebaut. Gerade wir Senioren können als Zeuge dienen, denn vielfach besitzen wir den Brockhaus oder ein Lexikon z. B. von Bertelsmann, Meyer oder Langenscheidt schon seit geraumer Zeit. Wer käme je auf die Idee, ein solches auszurangieren? Schließlich spricht allein schon das besondere Gefühl, sich genüsslich mit einem Buch in einem Sessel niederzulassen, für die traditionelle Variante beim Recherchieren in einem geeigneten Nachschlagewerk.

Wie so oft in der neuen Welt lautet also die Devise, je nach Situation zwischen beiden Alternativen zu wählen. Im Onlinebereich bestehen zurzeit ausgesprochen attraktive Angebote, und sie werden immer mehr. Es fällt schwer, einzelne hervorzuheben, doch wir haben uns ja vorgenommen, den Umgang mit dem Internet möglichst anhand praktischer Beispiele zu illustrieren.

Mit dem Mut zum Risiko, andere zunächst zu vernachlässigen, hier der Verweis auf das Onlinelexikon des Spiegel-Verlags, im Internet unmittelbar zu finden unter **www.wissen.spiegel.de**. Dieses Konzept hat es allerdings in sich, wenn es um ein brillantes Beispiel für modernste Recherchetechnik geht. Nicht ohne Grund charakterisiert der Verlag sein Angebot als *Das Lexikon der nächsten Generation.*

Als weltoffener und modern denkender Senior muss man diese sogenannte *Rechercheplattform* unbedingt kennenlernen. Sie bietet nämlich Zugriff auf gleich mehrere etablierte wie auch auf neue Quellen, so beispielsweise auf klassische Einträge aus den Bertelsmann-Lexika oder auf die uns bereits bekannte freie Enzyklopädie Wikipedia sowie auf journalistische

Beiträge aus den Medien der Spiegel-Gruppe. Was will man mehr?

Mit unserem Exkurs in die Welt der Recherchen haben wir zugleich eine der wichtigsten Funktionen des Internets angesprochen. Denn zweifellos gibt es heutzutage keine bessere, elegantere und kostengünstigere Möglichkeit, eine Antwort auf eine beliebige Fragestellung zu erhalten, als diese ins Internet einzugeben. Das Geniale dabei, Sie können ihre Anfrage stichwortartig einfach so formulieren, wie es Ihnen gerade einfällt oder am besten passt. Dazu weitere Ausführungen zu machen, hieße, Eulen nach Athen zu tragen. Man muss es selbst erleben, und zwar in allen möglichen Varianten. Ich kenne niemanden, der vom Ergebnis nicht absolut begeistert wäre.

Natürlich gibt es noch unzählige andere Dienste und Informationsangebote im Internet, die für uns Senioren von besonderem Interesse sind. Dazu zählen vermutlich erst einmal die sogenannten Seniorenportale, Internetseiten also, die uns im übertragenen Sinn des Wortes zum Betreten einer speziell auf uns ausgerichteten Welt einladen. Modern ausgedrückt sollen wir uns in eine virtuelle Welt für Senioren begeben. Warum auch nicht?

Ein weiteres Mal empfindet man dabei allerdings die Qual der Wahl, denn die Zahl verlockender Angebote ist beachtlich groß. Wir kennen die Situation und wissen um die Konsequenz: Selektieren heißt das Gebot der Stunde, auch auf die Gefahr hin, durchaus attraktive Offerten nicht zu berücksichtigen oder sich Chancen dadurch entgehen zu lassen, dass man sich womöglich zu früh festgelegt hat.

Derzeit zählt zumindest im deutschen Sprachraum das Portal mit dem geschickt gewählten Logo Feier@bend zu den empfehlenswerten und stark frequentierten Angeboten. Die Firma heißt offiziell »Feierabend Online Dienste für Senioren AG«, wurde 1998 von ihrem Inhaber und jetzigem Vorstandsvorsitzenden Alexander Wild gegründet und weist sich gerne als »Webtreff für die besten Jahre« aus. Nun ja, mehr Reklame müssen wir an dieser Stelle wohl nicht machen, sonst würden wir nur all das wiederholen, was man ohnehin dort lesen kann, nämlich unter **www.feierabend.de**. Im Übrigen wurde die Organisation erst kürzlich als »beste Community in Deutschland« ausgezeichnet, einer Trophäe des Bundeswirtschaftsministeriums im Rahmen des Wettbewerbs »Wege ins Netz«.

Das Portal Feier@bend empfiehlt sich nicht nur dank solcher Auszeichnungen oder aufgrund seines Logos mit dem allseits bekannten Klammeraffensymbol, das natürlich sofort Assoziationen zum Internet und zu E-Mail-Adressen weckt, sondern wegen seiner überzeugenden Angebots- und Präsentationsstruktur. Sie kann als vorbildlich bezeichnet werden und dient offensichtlich als Blaupause für eine Reihe anderer Portale, die vermutlich nicht ganz zufällig über einen ähnlichen Aufbau verfügen.

Kommen wir also auf die typischen Merkmale von Seniorenportalen im Internet zu sprechen, und zwar ausgeführt am Beispiel von Feierabend.de.

- In aller Regel ist die Nutzung der Portale kostenlos, so auch bei Feier@bend. Da nun bekanntlich niemand auf dieser Welt nur für den berühmten warmen Händedruck arbeiten möchte, muss eine andere Finanzierungsquelle her. Sie heißt: Reklame, genauer gesagt: Reklame ohne Ende. Das hat eine mitunter erhebliche Belästigung zur Folge, die freilich je nach eigener Seelenlage unterschiedlich empfunden wird. Hier muss ein jeder also selbst entscheiden, was gefällt oder was am besten sogleich wieder abgeschaltet wird.
- Das Informationsangebot ist übersichtlich gegliedert und deckt die wesentlichen Themenbereiche ab.

Es reicht von Gesundheit über Familie und Zuhause, über Finanzen und Recht, Technik und Bildung bis zu Reisen und Freizeit und natürlich Spiele und Sport. Jedes Gebiet lässt sich anschließend beliebig auffächern und vertiefen. So landet man beispielsweise in der Rubrik Gesundheit rasch beim Thema Ernährung – sogleich natürlich mit entsprechender Reklame durchsetzt – oder beim für uns Senioren interessanten Kapitel Sport im Alter.

- Man muss sich mit Name, Adresse, Telefonnummer, einem Spitznamen und mit einem Passwort anmelden, um sämtliche Angebote zu nutzen und am interaktiven Geschehen innerhalb der Community (so nennt man eine solche Gemeinschaft neuerdings) aktiv teilzunehmen. Über die Konsequenzen und Gefahren hieraus kann man streiten. Erfahrungsgemäß sind die eigenen Daten dieser wenig vertraulichen Ebene allerdings ohnehin weit verbreitet, auf eine zusätzliche Weitergabe kommt es also nicht mehr an.
- Zu einer aktiven Mitwirkung in der Gemeinschaft laden besondere Rubriken ein, bei Feier@bend finden wir sie im Bereich *Thementreffs*. Hier gibt es etliche Hobbythemen, die von Ahnenforschung bis Winzerfeste oder von Diabetes bis Wildtiere reichen. Man kann sich beliebig einklinken und bei Interesse sogar neue Themen aufmachen.

- Weitere aktive Beteiligung ist vielfach möglich. So prüfen bereits seit dem Jahr 2000 *Feier@bend-Senioren-Scouts* Produkte, Dienstleistungen, Verkaufsräume, Onlineshops, Werbekampagnen, Werbemittel und anderes mehr auf »Seniorentauglichkeit«. Gemeinsam mit Unternehmen konzipiert das Feierabend-Team vorab einen individuell auf das jeweilige Unternehmen und sein Angebot ausgerichteten Testaufbau mit Fragebogen. Die Ergebnisse stehen anschließend allen anderen Mitgliedern zum Nachlesen zur Verfügung. Besonders empfehlenswerte Angebote werden mit einem entsprechenden Zeichen versehen.

- Ein weiteres interessantes Angebot sind die Regionalgruppen, die über eigene Informationsseiten verfügen. Dazu heißt es im Angebot des Portals: »Wer Tipps aus seiner Region sucht, Spaß haben will, Kontakt zu interessanten Menschen in seiner Nähe herstellen will und Lust auf gemeinsame Aktivitäten hat – ist auf den regionalen Seiten genau richtig.«

- Zudem besteht die Möglichkeit, persönliche Informationen, u. a. auch Bilder, ins Netz zu stellen. Inwiefern man dieses Angebot nutzen will oder mit persönlichen Darstellungen anderer konfrontiert werden möchte, muss jeder für sich entscheiden. Wie so oft gilt, dass man jederzeit die Freiheit hat, Möglichkeiten nicht zu nutzen.

- Schließlich besteht das Angebot, die übliche Wochenpost (Rundbrief, Newsletter) des Seniorenportals zu abonnieren, die man zumeist freitags per E-Mail erhält. Auch hier wird die persönliche Einstellung entscheiden, ob und wie man von diesem weiteren Informationsangebot, das natürlich mit reichlich Reklame durchsetzt ist, Gebrauch machen will oder nicht.

Soweit zum Prinzipiellen in Sachen Seniorenportal. Damit nicht nur von Feier@bend die Rede ist, seien an dieser Stelle noch einige Adressen aufgeführt, ein weiteres Mal freilich ohne Anspruch auf Vollständigkeit oder Systematik. Ob die Angebote Ihren Interessen entsprechen und Ihren Ansprüchen genügen, können selbstverständlich nur Sie entscheiden.

Übergeordnete Bedeutung kommt zweifelsohne der BAGSO zu (Bundesarbeitsgemeinschaft der Senioren-Organisationen). Über ihr Selbstverständnis gibt die Organisation auf ihrer Homepage Auskunft: »Wir sind die Lobby der Älteren und vertreten ihre Interessen in Politik, Gesellschaft und Wirtschaft. Unter unserem Dach haben sich rund 100 Mitgliedsorganisationen mit etwa 13 Millionen älteren Menschen zusammengeschlossen.« Nachzulesen unter **www.bagso.de**.

Ein weiteres Seniorenportal führt auch den Namen »Seniorenportal«. Es ist (nach eigener Darstellung) *die große* »Internet Community für Senioren zum Austausch von Erfahrung, Meinung und Wissen«. Unter **www.seniorenportal.de** erfährt man weitere Einzelheiten über Ziele und Inhalte.

Das Portal »Platinnetz« wirbt unter seinem Banner »Verbindungen leben« mehr oder weniger direkt Menschen, die in erster Linie Kontakte suchen. Dazu heißt es: »Lernen Sie nette Menschen ab 40 (!) kennen. Treffen Sie Platiner im Chat, in Foren oder ganz real. Finden Sie bei Platinnetz Partner für Freizeit, Reise und Ihr neues Leben ...« Nachzulesen unter **www.platinnetz.de**.

Der »Seniorentreff«, wo wir, wie bei anderen Portalen auch, sogleich geduzt werden, heißt uns wie folgt willkommen: »Der Seniorentreff im Internet ermöglicht weltweit das Knüpfen neuer Freundschaften. Wir bieten eine kostenlose Plattform für Kommunikation und Geselligkeit mit Menschen reiferen Alters aus aller Welt. Wir freuen uns sehr, wenn du von den vielen Möglichkeiten hierzu bei uns Gebrauch machst.« Nachzulesen unter **www.seniorentreff.de**.

Ein weiteres Beispiel ist der »50plus-Treff«, der wie folgt für sich wirbt: »Der 50plus-Treff ist das Portal für

Partnersuche, Freundschaft, Interessenaustausch und gemeinsame Freizeitgestaltung. Foren, Chats, Regionalgruppen und ein Freundesnetzwerk helfen Ihnen dabei, neue Kontakte zu knüpfen und zu festigen.« Alles Weitere ist nachzulesen unter **www.50plus-treff.de.**

Zu guter Letzt noch eine Adresse, die sich als Wegweiser zu zahlreichen anderen Angeboten versteht. Sie nennt sich »Senioren-Links« und bietet nach eigener Aussage »die Online-Linkliste mit den besten Webseiten von und für Senioren, Best Ager und die Generation 50 plus. Hier finden Sie nützliche und informative Internetseiten von Privat oder Gewerbe, persönlich ausgewählt von unserer Redaktion. Webseiten und Links von Senioren für Senioren.« Details sind nachzulesen unter **www.senioren-links.info**.

Vielleicht müssen wir nach so vielen Informationen zum Thema Seniorenportal jetzt erst einmal kräftig durchatmen. Das Internet zeigt sich, positiv ausgedrückt, eben immer wieder als unerschöpflich, oder als »Fass ohne Boden«, wenn man es eher kritisch formulieren möchte. Um uns also nicht überzustrapazieren, hier nur noch ein kurzer Hinweis auf aktuelle Entwicklungen rund ums Internet und dann definitiv Schluss der Veranstaltung.

*Web 2.0: Jeder kann mitmachen*

Seit einiger Zeit geistert das Schlagwort Web 2.0 durch die Medienlandschaft. Handelt es sich hierbei um wirklich Neues im Internet oder serviert man uns bloß alten Wein in neuen Schläuchen? Folgen wir bei der Beantwortung dieser Frage unserer eigenen Empfehlung und schauen nach, was Google dazu anzubieten hat.

Wie kaum anders zu erwarten, liefert die Anfrage zunächst einmal eine irrsinnige Anzahl von Fundstellen, nämlich mehr als 400 Millionen. Erfreulicherweise gleich zu Anfang Wikipedia mit folgendem Text:

»Der Begriff ›Web 2.0‹ bezieht sich neben spezifischen Technologien oder Innovationen wie Cloud Computing primär auf eine veränderte Nutzung und Wahrnehmung des Internets. Die Benutzer erstellen, bearbeiten und verteilen Inhalte in quantitativ und qualitativ entscheidendem Maße selbst, unterstützt von interaktiven Anwendungen. Die Inhalte werden nicht mehr nur zentralisiert von großen Medienunternehmen erstellt und über das Internet verbreitet, sondern auch von einer Vielzahl von Nutzern, die sich mit Hilfe sozialer Software zusätzlich untereinander vernetzen ...«

Vereinfacht ausgedrückt, das Internet fördert den direkten Dialog mit seinen Benutzern. Noch anders formuliert:

Jeder kann mitmachen. Nun hat dieses Konzept natürlich seine zwei Seiten. Durchaus positiv mag man die Gelegenheit empfinden, mit eigenen Meinungen und Informationen aktiv am Internetgeschehen teilzuhaben. Solange sich ein solcher Austausch in einem seriösen Umfeld und auf einem vertretbaren Niveau bewegt, gibt es kaum etwas dagegen zu sagen.

Der Preis für die generelle Öffnung des Netzes ist allerdings hoch. Er dokumentiert sich auch in einem schier unglaublichen Schrott an persönlichem Zeug, das Hinz und Kunz in ihren sogenannten Blogs der Allgemeinheit zumuten. Wer sich überwindet und gelegentlich in solchen Pamphleten blättert, wird alsbald sein blaues Wunder erleben. Es gibt offensichtlich keine Grenze, wenn es darum geht, der Allgemeinheit auch noch den letzten eigenen Schlamassel unterzujubeln.

Der Begriff Blog kommt übrigens von Weblog und bezeichnet ein im Internet (Web) geführtes persönliches Tagebuch (Log). Wer sich einen Überblick über den heutigen Stand dieses Metiers beschaffen möchte, findet leicht entsprechende Verzeichnisse, so beispielsweise unter **www.blogeintrag.de**. Dort lassen sich sogar eigene Blogs hinterlegen, so man in dieses moderne Märchenland unbegrenzter Kommunikation tatsächlich aktiv einsteigen möchte. Dann muss man nur noch geschickt genug navigieren, um den vernünftigen Part des

Ganzen zu erobern und sich den eher unerträglichen Teil soweit wie möglich vom Leib zu halten.

Apropos vom Leib halten: Unsere Kapitelüberschrift qualifiziert das Internet nicht ohne Grund als »genial und barbarisch zugleich«. Nach allem, was wir im weiteren Verlauf erörtert und diskutiert haben, stellt sich natürlich die Frage, wie und in welcher Form wir Senioren am besten mit dem Internet umgehen können und sollten, um die positiven Eigenschaften zu nutzen und die negativen nach Möglichkeit zu meiden. Eine allgemeingültige Antwort kann wohl niemals gefunden werden – dafür gehen die individuellen Interessen sicherlich zu weit auseinander.

Doch vielleicht lassen sich einige persönliche Erfahrungen vermitteln, so wie sie im Verlauf mehrerer Jahre im Umgang mit dem Internet entstanden sind. Vor allem anderen erscheint erneut ein Hinweis auf unser Privileg als Senioren angebracht, dies alles nicht unter Zwang oder einem irgendwie gearteten Erfolgsdruck zu unternehmen, sondern das Surfen im Internet stets nach eigenem Ermessen, individuellem Interesse und höchst persönlichem Geschmack auszurichten. Nehmen wir dazu als erstes Kriterium die Zeit, die wir im Schnitt aufwenden.

Spontan möchte ich aus eigener Erfahrung die Aussage wagen, dass pro Tag etwa eine gute halbe Stunde ausreicht, um seine E-Mails zu lesen und zu versenden, die eine oder andere Finanztransaktion durchzuführen und sich einen Überblick über die allgemeine Informationslage in der Welt zu verschaffen. Dies natürlich unter der Annahme, dass man seine sonstigen Informationsquellen, allen voran die regionale Tageszeitung, so nutzt wie immer schon.

Nun wird ein jeder für sich selbst entscheiden müssen, was zusätzlich mit dem Internet unternommen werden soll. Doch da ist Vorsicht geboten. Leicht gerät man in einen wahren Strudel eines sich beliebig verästelnden Informationsangebots, das sich schließlich zu einer gigantischen Informationsflut ausweiten kann. Starten Sie dazu am besten einen Selbstversuch mit einem Thema Ihres besonderen Interesses. Die Prophezeiung wird nicht völlig danebenliegen, dass Sie – vermutlich ohne es richtig zu realisieren – sehr bald schon stundenlang »online« sind.

Es gibt Menschen, bei denen das Bedürfnis, schier endlos im Internet zu surfen, schon als Sucht bezeichnet werden muss. Eine Internetsucht auszubilden, ist allerdings keine notwendige und unvermeidliche Konsequenz der Nutzung dieses Mediums, sondern hängt wesentlich von unserer Einstellung ab. Es wäre ebenso unklug, die neuen Möglichkeiten gering zu schätzen oder gar zu ignorieren wie einen Übereifer ohne Maß und Ziel zu entwickeln. PC und Internet sollten zur Normalität des Alltags zählen, auch bei uns Senioren, nicht mehr, aber auch nicht weniger.

*Mehr als die Vergangenheit interessiert mich die Zukunft, denn in ihr gedenke ich zu leben. (Albert Einstein)*

## Gut gewappnet in die Zukunft

***Natürlich** wird es weitergehen*

Vermutlich haben Sie die Idee hinter dem fett gedruckten »natürlich« sogleich durchschaut: Es geht um den doppelten Sinn des Wortes. Zum einen sollte in der Tat kein Zweifel daran bestehen, dass es *natürlich immer irgendwie weitergeht*, selbst wenn die Ungewissheit gegenüber künftigen Entwicklungen eine mitunter beachtliche Dimension annehmen mag. Gerade auch in den relevanten technischen Disziplinen und dort wiederum in allen Belangen, die für uns Senioren wichtig sind, lassen sich zahlreiche Beispiele für eine ständige und vielversprechende Weiterentwicklung finden.

Zum anderen spricht vieles dafür, dass trotz aller technischen, gesellschaftlichen und geistigen Fortschritte der Menschheit zu guter Letzt doch die Natur bestimmen wird, wo es lang geht. Das zeigen die deutlichen Signale, die wir aktuell und offenbar mit zunehmender Tendenz erhalten, wenn wir die Folgen aus einem oftmals fahrlässigen Umgang mit Natur und Umwelt kritisch betrachten. Man braucht also nicht allzu viel Fantasie, um zu erkennen, dass es auch unter diesem Aspekt eigentlich nur *natürlich* weitergehen kann, in letzter Konsequenz also in Übereinstimmung mit dem, was uns Natur und Umwelt zugestehen. Eine Einsicht, die uns Senioren wohl kaum überraschen kann.

Der zuerst genannte Gedanke, dass nämlich alles irgendwie immer weitergeht, lässt sich freilich leichter zu Papier bringen als in die Köpfe von eingefleischten Pessimisten. Das Kuriose dabei: Man findet pessimistische Zeitgenossen gelegentlich sogar dort, wo beste Voraussetzungen für eine optimistische Grundeinstellung existieren sollten. So beispielsweise im Amerika des Jahres 1875 und dort nicht irgendwo auf dem flachen Land, sondern im Patentamt der USA.

Es klingt wie ein Treppenwitz aus der damaligen Epoche, die bekanntermaßen als industrielle Gründerzeit in die Geschichte eingegangen ist. Ausgerechnet also in den Jahrzehnten der ersten großen Industrialisierung und inmitten einer kolossalen technischen Aufbruchsstimmung reichte der Direktor des *United States Patent Office* seinen Rücktritt ein und empfahl die Schließung der Behörde. Seine Begründung: Es gäbe nichts mehr zu erfinden.

Wir wissen es heute besser und können versuchen zu erklären, wie es zu solch unglaublichem Widerspruch zwischen technischer Entwicklungsperspektive und fehlendem Vertrauen in die Zukunft kommen konnte. Ohne dem besagten Herrn Direktor zu nahe treten zu wollen, drängt sich die Vermutung auf, er habe nur zurückgeschaut und in Anbetracht der Tatsache, dass alles für ihn bis dahin Vorstellbare tatsächlich längst erfunden war, den Glauben an künftige Innovationen verloren. Absurd, oder?

Nun ja, heute würde natürlich kein normal denkender Mensch je daran zweifeln, dass weiterer technischer Fortschritt stattfinden kann und auch stattfinden wird. Insofern mag das geschilderte Beispiel für uns als wenig tauglich erscheinen. Doch im übertragenen Sinn ist es vielleicht gar nicht so abwegig, über einen tieferen Zusammenhang auch gegenwärtig nochmals nachzudenken. Denn angesichts der unglaublichen Entwicklung der Technik, die mittlerweile nahezu sämtliche Facetten des menschlichen Lebens erfasst hat, fällt es uns möglicherweise ebenfalls schwer, an wirklich bahnbrechende neue Entwicklungen zu glauben. Und dennoch sind sie bereits mitten unter uns.

Wir Senioren dürfen gegenüber alledem erneut eine höchst komfortable Position beziehen, nämlich die des *na und*? Andere mögen es vielleicht als arrogant empfinden, doch warum sollten wir uns durch noch so sensationelle Prophezeiungen über Gebühr nervös machen lassen, so lange in keiner Weise feststeht, ob und wie sie uns jemals tangieren? Bescheidenerweise können wir ja gelegentlich das *na und*? durch ein milderes *na ja* oder ein *schauen wir mal ersetzen*, insbesondere natürlich immer dann, wenn wir einen besonderen Respekt vor wirklich mächtigen Neuerungen empfinden.

Betrachten wir in diesem Sinn zunächst einmal unseren Interessensschwerpunkt Computertechnologie. Seriöse Wissenschaftler sagen eine auch weiterhin sensationelle Zunahme von Geschwindigkeit und Speicherkapazität künftiger Systeme voraus. Kürzlich hat der schnellste Rechner der Welt die neue Schallgrenze von einer Billiarde Rechenoperationen pro Sekunde überschritten. *Na und?*

Vorstellen können wir uns unter diesen rein technischen Daten ohnehin nichts mehr. Versuchen wir es also auf dem Weg einschlägiger Leistungsmerkmale künftiger Supercomputer, mit denen wir im Sinn von Analogien etwas anfangen können. Spektakulär lesen sich dazu immer wieder die Vergleiche mit den Leistungen des menschlichen Gehirns. Für den einen oder anderen von uns mag es ein Anlass zum Grübeln gewesen sein, als vor einigen Jahren erstmals ein amtierender Schachweltmeister von einem Computer besiegt werden konnte.

Aktuelle Hochrechnungen gehen nunmehr davon aus, dass die Leistung des menschlichen Gehirns so etwa um das Jahr 2030 von den dann verfügbaren Supercomputern erreicht und in Folge natürlich auch übertroffen wird. *Na und?*

Ebenso wenig wie sich ein passionierter Schachspieler die Freude an seinem Hobby dadurch nehmen lässt, dass er im Prinzip von einem Computer besiegt werden kann, so wenig sollte es uns stören, dass ein Computer eines Tages das leisten kann, was bis dahin exklusiv dem menschlichen Gehirn vorbehalten war. Selbst wenn solche Systeme in ferner Zukunft über eine Art von Bewusstsein verfügen und darüber hinaus vielleicht sogar emotional mit uns Menschen interagieren können – was ernst zu nehmende Wissenschaftler durchaus für möglich halten und woran sie arbeiten – sollten wir uns getrost zurücklehnen getreu dem Motto: *Na und?*

Denn: Was hat die Menschheit nicht schon alles erlebt und überlebt an vermeintlichen oder auch echt empfundenen Kränkungen von epochalem Format? So wurde sie einst durch die kopernikanische Wende aus dem vermuteten Mittelpunkt der Welt in deren Randgebiete versetzt und später dann durch Darwin in die Systematik der natürlichen Evolution eingereiht. Demgegenüber erscheint die Prognose, dass unsere eigene Erfindung Computer die geistigen Fähigkeiten des Menschen eines

Tages übertreffen kann, als eher unspektakulär. Vergleiche hinken zumeist, aber auch heute schon kann ein computergesteuertes Piano ein beliebiges Klavierstück präzise und musikalisch anspruchsvoll spielen, ohne dass jemand auf die Idee käme, sein eigenes Musizieren sei dadurch irgendwie entwertet.

Eine nächste Vision: Computer werden sinnlich. Na ja. Weltweit verfolgen die Forscher das Ziel, Rechner mit menschlichen Sinnen auszustatten. In Deutschland wollen beispielsweise Wissenschaftler der Leibniz Universität Hannover den Computern das Fühlen und Tasten beibringen. Form und Oberfläche eines Gegenstandes sollen über Tastsensoren digitalisiert werden. Über Fühlmodule könnte so ein Mensch in Europa ein Stück Seide in China über das Internet auf seine Qualität prüfen. Noch stehen diese Entwicklungen ganz am Anfang, aber über ein elektronisch gesteuertes Fühlmodul, das aussieht wie ein kleines Nagelbrett, kann heute schon die Rauigkeit einer Oberfläche simuliert werden.

Eine Anwendung der neuen Sinnlichkeit von Computern befindet sich ebenfalls längst in der Entwicklung. Es geht um Roboter mit Gefühl. Weit gediehen sind hier die Entwicklungen am Institut für Robotik des Deutschen Zentrums für Luft- und Raumfahrt (DLR). Die »DLR Hand« mit zahlreichen Motoren, Gelenken und Sensoren kann selbst fragile Objekte sanft ertasten und bewegen. Diese Technik könnte einen Menschen beim Zupacken in gefährlicher oder gar lebensfeindlicher Umgebung – sei es bei Weltraummissionen, in Laboren oder Kerntechnikanlagen – unterstützen. Und natürlich auch in anderen Lebensbereichen, gerade auch in solchen, die uns Senioren unmittelbar betreffen. Geschickterweise spricht man hier von einem langfristigen Trend weg vom starren und hin zum weichen Roboter, damit keiner auf die Idee kommt, ein monströses Gebilde heutiger Bauart sei eines Tages dafür vorgesehen, uns anstelle eines fürsorglichen Betreuers aus Fleisch und Blut bei der alltäglichen Versorgung und Pflege zu helfen. Nun ja, *schauen wir mal.*

Einigkeit besteht übrigens nahezu uneingeschränkt in der Mutmaßung, dass die Informatik als Basistechnologie weitestgehend über Erfolg oder Misserfolg der meisten anderen Technologien entscheiden wird. Das gilt logischerweise für sämtliche technischen Disziplinen, aber auch zunehmend für die Medizin, für die Chemie und für die Pharmakologie. Die dabei bereits heute angepeilten Forschungsergebnisse sind von solch unglaublicher Tragweite, dass wir uns einige davon exemplarisch vor Augen führen sollten.

Unter der Überschrift »Neuroimplantate«, salopper könnte man auch sagen »Chip im Gehirn«, eröffnen sich Anwendungen der Informatik im medizinischen Bereich, die heute noch wie Science-Fiction erscheinen mögen, aber morgen bereits zum praktischen Einsatz gelangen können. Grundlage hierfür bildet die Verschmelzung von Nervenzellen mit Computerchips, eine im Labor längst realisierte Technik.

Parallel zu dieser Entwicklung erforschen Wissenschaftler mit beachtlichem Erfolg den sogenannten Memory-Code, anders ausgedrückt: die Sprache des Gehirns. Es klingt nach Magie, entspricht aber bereits dem realen Stand der Wissenschaft, wenn elektrische Signale aus dem Gehirn in Steuerimpulse für Computer umgewandelt und beispielsweise für therapeutische Zwecke verwendet werden. Konkret könnten auf diesem Weg selbst Totalgelähmte bisher verlorene Körperfunktionen wiedergewinnen, so etwa die Fähigkeit zu sprechen. Prinzipiell ist es ebenfalls nur eine Frage der Zeit, wann beispielsweise Gehörlosigkeit oder Erblindung durch implantierte Chips geheilt werden können.

Nun begegnet uns immer wieder die Frage, wie und wo das alles einmal enden kann und soll. Entwicklungen der beschriebenen Art lösen nämlich nicht nur Zustimmung oder gar Begeisterung aus, sondern zugleich auch Ängste und Zweifel. Nicht zuletzt spielen zunehmend ethische Aspekte eine Rolle, wenn es um technische Eingriffe in bisher weitgehend unberührte medizinische oder auch seelische Kategorien geht.

Kürzlich konnte man dazu in der renommierten Zeitschrift »Spektrum der Wissenschaft« die Frage erörtert finden, ob man nicht immer schon mal gerne über ein unfehlbares Gedächtnis hätte verfügen mögen. Die Antwort folgt auf dem Fuß: Ja, nach den Vorstellungen mancher Forscher kann einem dazu demnächst verholfen werden. Hirnverbesserung heißt das Konzept, auf Englisch *neuroenhancement*. Und ganz konkret: Mit den neuen Möglichkeiten von Pharmakologie bis zu Neuroimplantaten hoffen nicht wenige, ihre angeborenen Hirnleistungen aufbessern und ihren Intelligenzquotienten verbessern zu können. Es braucht nicht allzu großer Fantasie, um sich die möglichen Konsequenzen aus dieser Entwicklung zu veranschaulichen.

Seriöserweise geht die Zeitschrift diesen Problemen und den damit verbundenen ethischen Fragen nicht aus dem Weg. Im Gegenteil, in einem Interview mit Professor Armin Grunwald, Technikethiker am Institut für Technikfolgenabschätzung und Systemanalyse in Karlsruhe, werden Für und Wider ausführlich diskutiert. Das Resümee kann man sinngemäß dahingehend zusammenfassen, dass kein ethisches K.-o.-Argument gesehen wird, um diese Entwicklungen zu verhindern.

Im Zusammenhang mit therapeutischer Forschung bestehen an diesem Standpunkt sicherlich kaum Zweifel. Oder möchte jemand erhoffte Heilungschancen für Krankheiten wie Parkinson, Epilepsie oder andere schwere Bewegungsstörungen ernsthaft ignorieren? Das sicher nicht. Doch wie sieht es aus, wenn wir an die Möglichkeit einer weiter gehenden Technisierung des menschlichen Körpers denken? Was sagen wir zu Schülern oder Studenten, die eines Tages mit »Brainchips« ihre Denkfähigkeit verbessern wollen?

Hier allerdings dürfen wir Senioren von heute erst einmal kräftig durchatmen. Denn erstens werden noch viele Jahre, eher sogar Jahrzehnte ins Land gehen, bevor wir außerhalb von Kliniken oder Laboratorien konkret vor solchen Entwicklungsalternativen stehen. Und zweitens möchten wir doch immer wieder davon ausgehen, dass Entscheidungen dieser Tragweite sowohl gesellschaftlich als auch für jeden Einzelnen außerordentlich sorgfältig überprüft und nicht zuletzt nach ethischen Kriterien gewissenhaft getroffen werden.

Zur Vergewisserung dazu nochmals ein Rückgriff auf den zuvor zitierten Beitrag aus dem »Spektrum«. Thomas Schläpfer, Forscher an der Universität Bonn, im Wortlaut: »Die Tiefenhirnstimulation ist eine Anwendung für Kranke, kein Verfahren für jedermann. Sie wird nur bei solchen Patienten getestet, für die praktisch keine Hoffnung mehr besteht und die unter schwersten Symptomen leiden.« Neuroimplantate im Gehirn von Gesunden – so Schläpfer weiter – seien völlig ausgeschlossen.

*Na ja.* Senioren wissen aufgrund ihrer Lebenserfahrung natürlich auch, dass alles, was möglich ist, irgendwann und irgendwo in aller Regel auch ausprobiert oder gar angewendet wird. Und in der Tat, allem voran im militärischen Bereich denkt man bereits heute recht konkret darüber nach, wie man Soldaten von übermorgen durch Neuroimplantate Vorteile auf dem Schlachtfeld verschaffen könnte. Doch das ist eine andere Geschichte. Und mit natürlich hat so etwas auch nicht mehr viel zu tun.

Glücklicherweise besteht neben solch spektakulären Entwicklungen doch eine ganze Reihe von interessanten Forschungszielen, denen speziell für uns Senioren eine besondere Bedeutung zukommt. Ganz konkret geht es beispielsweise um die Entwicklung von Monitoring-Systemen zur Verbesserung von Mobilität, Sicherheit und selbstbestimmtem Wohnen für ältere Menschen ganz allgemein. Speziell für Risikopatienten bieten sie eine Vernetzung mit den Diensten eines integrierten Gesundheitssystems rund um die Uhr und im Bedarfsfall automatisch konkrete Hilfe, beispielsweise durch schnellen Kontakt zum Arzt. Bis zur Verfügbarkeit perfekter Systeme dieser Art wird es noch einige Zeit dauern, Teillösungen sollten jedoch schon in wenigen Jahren einsatzfähig sein.

Nicht zuletzt werden wir erleben, wie intelligente Systeme unseren Alltag in vielerlei Hinsicht rundweg bequemer machen, ohne dass es dazu einer überzogenen oder gar beängstigenden Technik bedürfte. Nehmen Sie nur einmal das Beispiel des Automobils. Wie selbstverständlich nutzt man heutzutage den besonderen Komfort von Hightech-Antiblockiersystemen, ohne auch nur ansatzweise deren höchst komplizierte Funktionsweise verstehen zu müssen. Es ist nur eine Frage der Zeit, dass unsere Autos standardmäßig mit weiteren, höchst komplexen Sicherheits- und Steuerungssystemen ausgestattet werden, die insbesondere auch älteren Zeitgenossen ein sicheres Fahren ermöglichen. Schließlich dürfen wir uns darauf freuen, künftig problemlos selbst in engste Parklücken einparken zu können, denn dieses Manöver übernimmt der Bordcomputer für uns.

Nun ließe sich der Katalog eindrucksvoller und durchaus ernst zu nehmender Zukunftstrends natürlich beliebig erweitern. Interessante Vorhersagen für das häusliche Umfeld füllen inzwischen ebenso die einschlägigen Magazine wie Prognosen zu unserem alltäglichen Wohlergehen schlechthin, von Wellness und ähnlichen Modeerscheinungen ganz zu schweigen. Doch wo beginnen und wo enden?

Vielleicht hilft uns an dieser Stelle eine überraschende Entdeckung weiter, die man kürzlich auf einer renommierten Hightech-Messe in den USA machen konnte. Dort auf der »Consumer Electronics Show« (CES) in Las Vegas, seit Jahren schon eine der wichtigsten Technikmessen der Welt, ging es nämlich erstmals nicht nur um Zuwachs und Fortschritt, sondern um bewusst vereinfachte Funktionen von ansonsten durchaus komplizierten Geräten. Und für wen soll dieser neue Trend gut sein? Richtig, für uns Senioren.

»Die Branche merkt erst jetzt, dass etliche Geräte viel zu überladen sind für uns Senioren«, so wird einer der Vordenker des neuen Trends zitiert. Und weiter: »Weniger wäre mehr; damit sollen ältere Kunden angesprochen werden, die einfache Geräte wollen, ohne komplizierte Menüs und tausend Optionen.« Könnte es nicht sein, dass dieser Satz vielen von uns geradezu aus dem Herzen spricht? Vielleicht sind wir ganz und gar Zeuge einer prinzipiell neuen Orientierung der gesamten Elektronikindustrie. Wir hätten wohl nichts dagegen. Also auch hier: *Schauen wir mal ...*

### *Im Dschungel der neuen Medien*

Mitunter führt uns der pure Zufall zu völlig neuen Erkenntnissen. Kürzlich wurde unsere Satellitenschüssel bei einem heftigen Gewittersturm so stark beschädigt, dass für gleich mehrere Tage jeglicher Fernsehkonsum entfallen musste. Dies allein wäre freilich kein Anlass, über den an dieser Stelle zu berichten wäre.

Interessanter schon die Folgen aus dem technischen Defekt. Kaum nämlich war die Anlage repariert, da sollten wir auf Empfehlung des Monteurs die neueste Liste der Programme für Fernsehen und Rundfunk »herunterladen«. Die Vokabel »herunterladen« kennt man im Prinzip ja schon vom Internet. Nun allerdings, nämlich in Zusammenhang mit einem TV-Satelliten hoch über uns, bekam sie mit einem Mal einen durchaus anschaulichen Charakter. Also dann: Herunterladen und schauen, was unten ankommt.

Wir waren uns nach der Aktion nicht mehr ganz sicher, wie viele Programme wir zuvor gespeichert hatten. Hinterher allerdings zählten wir weit über tausend. Uff. Haben Sie eine Idee, was man mit mehr als tausend Fernsehprogrammen machen soll?

Natürlich kann man erst einmal alles aussortieren und löschen, was allein vom Namen her nicht in die eigenen Vorstellungen passt. Immerhin, was es so alles gibt, lässt sich bei diesem Vorgang nicht übersehen. Hunderte von Porno- und Gewaltkanälen sind ebenso dabei wie Sender mit unerträglich primitiven Verkaufsaktionen. Am einfachsten auszumustern sind wohl noch die verschlüsselten Programme, die ohnehin nur vermittels zusätzlicher Technik und natürlich gegen extra Gebühr zu nutzen wären.

Nach erfolgreich absolvierter Löscharbeit, die allerdings stundenlang dauern kann, sollte man sich der Mühe unterziehen, in die verbleibenden Programme eine gewisse Ordnung zu bringen. Aber auch das stellt sich als wahre Herkulesarbeit heraus, denn es handelt sich vermutlich immer noch um die stattliche Anzahl von mehreren Dutzend Programmen. Aus purer Neugier habe ich es dieses eine Mal selbst probiert und auch durchgestanden. Vor Nachahmung allerdings kann ich nur warnen, insbesondere diejenigen unter uns, die mit ihrer Zeit Sinnvolleres anzufangen wissen, als sich mit schwer verständlichen Gebrauchsanleitungen und mit einem Haufen von Fachausdrücken herumzuplagen, die man normalerweise nie brauchen wird. Schauen Sie sich lieber in Ihrem Bekanntenkreis nach jemandem um, der so etwas schon einmal gemacht hat, und setzen Sie auf seine Hilfsbereitschaft.

Irgendwann nach alledem steht die heile Fernsehwelt dann hoffentlich wieder zur Verfügung, gerade so, als hätten wir uns einen neuen Fernseher mit allen technischen Finessen ins Haus geholt. Erwartungsvoll und mit einem guten Stück Zuversicht greifen wir zum vertrauten Fernsehmagazin, das allwöchentlich mit der

Tageszeitung ins Haus geliefert wird. Vielleicht ist es gerade Samstagabend und wir freuen uns auf das riesige Angebot an guten, unterhaltsamen und doch sicherlich auch hochwertigen Filmen, insbesondere natürlich bei ARD und ZDF.

Dann könnte es schon passieren, dass wir erst einmal unser blaues Wunder erleben. Ein beliebig herausgegriffener Samstagabend bietet nämlich die folgenden verheißungsvollen Filme an: Das Ritual (Thriller, USA), Cannonball (Actionfilm, USA), The Cutter – Diamanten des Todes (Actionfilm, USA), Never Die Alone (Actionfilm, USA), Tattoo (Thriller, Deutschland), Talos, die Mumie (Horrorfilm, USA), Wisher (Horrorfilm, USA) und Ultimate Chase – Die letzte Jagd (Horrorfilm, USA).

Nun ja, man muss sich das ja nicht anschauen. In Ordnung – aber für nichts und niemanden werden diese Filme doch wohl nicht gedreht und über die Sender verbreitet. Also muss irgendjemand hinschauen, im Zweifel auch spät in der Nacht. Und die von uns Bürgern finanzierten öffentlich-rechtlichen Sender, allen voran ARD und ZDF, sind durchaus mit von der Partie.

Ich gebe zu, solche Betrachtungen lösen bei mir gelegentlich einen gewissen Sarkasmus aus. Warum, so frage ich mich dann, sollten diejenigen, die es wollen, sich diesen Schwachsinn nicht tatsächlich anschauen? Bei ihnen ist doch eh nichts mehr zu retten, oder?

Doch dann denke ich natürlich an Kinder und junge Leute, die in vermutlich großer Zahl vor solchen Filmen sitzen, und denen die Gesellschaft anderes zu bieten hätte. Nicht zuletzt können einem auch diejenigen leid tun, die solches Zeug konsumieren, nur weil sie keine Unterstützung haben, mehr aus ihrem Leben zu machen.

Und deshalb, bei allem Respekt vor freien Medien und einer offenen Gesellschaft sowie im Bewusstsein dessen, dass auch die öffentlich-rechtlichen Anstalten sich im Wettbewerb um Einschaltquoten behaupten müssen: Der heutige Medienschwachsinn, insbesondere im Bereich des Fernsehens, ist im Grunde inakzeptabel.

Leider verstärkt die zunehmende Kommerzialisierung der gesamten Medienwelt den miserablen Trend noch dahingehend, dass geballter Blödsinn mittlerweile rund um die Uhr gesendet wird. Man kann nur hoffen, dass Gesellschaft und Politik klare Ziele der Verbesserung zumindest für die öffentlich-rechtlichen Anstalten auf ihre Agenda setzen, und zwar weit nach oben.

Und wir Senioren? Ein weiteres Mal sitzen wir auf der Sonnenseite des Lebens. Wir können ohne Problem unseren Weg durch den Dschungel des heutigen Medienschwachsinns gehen, und zwar auf mannigfache Art und Weise. Zunächst können wir vielleicht besser als andere auf gute Sendungen zu später Stunde ausweichen, denn wir haben in der Regel genügend Spielraum und Muse, am folgenden Tag in Ruhe auszuschlafen. Sie wissen ja, wie schön es ist, sich nochmals genussvoll in den Federn umzudrehen, während andere längst schon ihren Alltagspflichten nachgehen müssen.

Auch können wir wohl leichter als andere den Aus-Knopf bedienen, denn wir haben immerzu alternative Interessen und Möglichkeiten zum sinnvollen Zeitvertreib, wenn es nicht wirklich Sehenswertes im Fernsehen oder Hörenswertes im Rundfunk gibt. Schließlich gehören wir noch den Generationen an, die nicht bei laufendem Fernsehprogramm zur Welt kamen. Wir wissen folglich immer noch, wie ein Leben ohne ständige Berieselung durch die neuen Medien aussieht, und wir wissen die damit verbundene Ruhe ganz bestimmt zu schätzen.

Dennoch leben auch wir in der Welt von heute und möchten wissen, wie es weitergeht mit den wunderbaren neuen Medien. Was versprechen die hoch gerühmten Märkte, die der Sage nach alles regulieren und zum Besten wenden? Eines steht vermutlich jetzt schon fest: Es wird fürchterlich.

Das Programmangebot wächst weiterhin dramatisch an, insbesondere an den Rändern des extremen Unsinns. Die technischen Entwicklungen überschlagen sich geradezu, allein schon die neuen Fachausdrücke bewegen sich für einen normal empfindenden Menschen unserer Generation jenseits dessen, was noch zu verkraften ist.

Für uns Senioren heißt es folglich mehr noch als bisher, von unserem besonderen Privileg Gebrauch zu machen, nämlich das Neueste vom Neuen nicht sogleich kaufen zu müssen. Erneut können und sollten wir alles erst einmal anschauen, um dann irgendwann in aller Ruhe zu entscheiden, ob wir es wirklich gebrauchen können und auch wollen. Nicht zuletzt auch, ob das jeweilige Angebot das verlangte Geld überhaupt wert ist.

Diese Aussage bezieht sich nicht nur auf die Programmvielfalt und den darin enthaltenen unglaublichen Schrott. Es geht auch und besonders um die neue Technik, die uns – wie eigentlich immer schon – in Hochglanzprospekten und auf Glimmermessen als das Nonplusultra dargeboten wird. Zurzeit schwappt eine regelrechte Tsunamiwelle davon über unser Land.

Offensichtlich sind die Zeiten des simplen Kaufs eines Fernsehgeräts inzwischen endgültig vorbei, um nur dieses zentrale Marktsegment anzusprechen. Die heutigen und künftig zu erwartenden Geräte bergen eine solche Vielfalt an technischen Raffinessen, dass wir uns, ähnlich wie beim PC, von einem Vertrauten mit einiger Sachkenntnis beraten lassen sollten, damit wir nicht im TV-Nirwana landen. Oder wollen Sie selbst zum Experten für HD-Vision mit DVB-T, Entschlüsselungssystem CONAX, HDTV-Receiver, eingebautem CI-Interface und HiText-Level 2.5 werden, um nur einige wenige Schlagworte zu nennen?

Doch es gibt auch die gute Nachricht. Haben wir uns nicht schon immer gewünscht, interessante Sendungen nicht gerade dann anschauen zu müssen, wenn sie über den Sender kommen, sondern dann, wenn es uns passt? Unter der magischen Bezeichnung Time-shift-Funktion erhält man neuerdings die Möglichkeit, TV-Sendungen auf einer internen Festplatte zwischenzuspeichern, um sie zeitversetzt oder auch beliebig später anschauen zu können. Natürlich geht auch so etwas nicht von selbst und schon gar nicht per Knopfdruck, so wie in den Prospekten verkündet. Wir werden das wohl üben müssen, aber es sollte sich durchaus lohnen.

Elegante Lösungen für die Programmauswahl generell werden neuerdings in Form einer integrierten Programmzeitschrift angeboten. Damit umzugehen, kann ab einem gewissen Kenntnisstand durchaus Vergnügen bereiten. Allerdings sollte man die Reklame der Anbieter nicht zu wörtlich nehmen, denn wer will schon sein komplettes Fernsehprogramm für sieben Tage im Voraus minutiös zusammenstellen? Somit auch hier die Empfehlung, alles erst einmal mit Augenmaß und ohne Hektik auszuprobieren. Dann kommen wir am besten in den Genuss der vorteilhaften Angebote.

Apropos Angebote: Auf eines müssen wir uns wohl dauerhaft einstellen, auch wenn das mit zunehmendem Alter immer schwerer fallen wird. Die gesamte Medienlandschaft wird nicht einfacher, sondern komplizierter, insbesondere auch infolge zunehmend flexibler Angebote von Fernsehen und Rundfunk auf der einen und Internet auf der anderen Seite, neuerdings sogar in Kombination dieser beiden bisher konkurrierenden Welten. IP-TV heißt das neue Schlagwort, also wörtlich Fernsehen im Internet.

BBC hat kürzlich in Form einer Kooperation mit YouTube eine interessante Duftmarke gesetzt, die auch von den deutschen Medienpäpsten nicht ignoriert werden kann, selbst wenn die Uhren hierzulande gelegentlich etwas langsamer zu gehen scheinen. Wir befinden uns offenkundig und unumkehrbar auf dem Weg zu einer *Webciety*, so wie sie als *Society im Netz* kürzlich auf der Computermesse CEBIT verkündet und mit diesem neuen Kunstwort versehen wurde.

Dies alles sollte uns übrigens den Mut nicht nehmen, trotz aller Vorbehalte gegenüber einer uferlosen Medieneuphorie offen zu sein für das, was wirklich gut ist, gerade auch für uns Senioren. Vermutlich ist es so ähnlich, wie wir es bereits bei der Betrachtung von PC und Internet empfunden haben. Dort kamen wir bekanntlich zu dem Resümee, man solle die neuen Möglichkeiten weder ignorieren noch überschätzen. Es geht um den gesunden Mittelweg, um nicht mehr, aber auch nicht um weniger.

### *Unser Privileg, auch mal offline zu sein*

So schnell ändern sich die Zeiten. Noch vor wenigen Jahren galt es als *besonderes Privileg, online zu sein*. Kein Mensch wäre jemals auf die Idee gekommen, daran auch nur im Ansatz zu zweifeln. Im Gegenteil: Ständige Erreichbarkeit zählte zunehmend zu den unabdingbaren Voraussetzungen für beruflichen Erfolg. Selbst im privaten Bereich gehörte es alsbald zum guten Ton, fortwährend online zu sein.

Im Alltag führte das zu mitunter ausgesprochen spaßigen Begebenheiten. Sie kennen vermutlich den einen oder anderen der einschlägigen Handywitze, darunter vielleicht auch solche, die das Onlinephänomen humorvoll aufs Korn nehmen. Einer davon spielt in Frankfurt auf der Zeil. Dort sagt ein liebreizender Mann zu seiner Partnerin am anderen Ende der Handyverbindung: »Schatz, ich muss jetzt Schluss machen, ich begegne dir gerade.«

Vielleicht nicht ganz so witzig, dafür aber umso deutlicher, offenbart die Jugend von heute, wie erfolgreich sich dieses neue Lebensgefühl inzwischen durchsetzen konnte. Keiner ohne Handy, das gilt schon lange. Mittlerweile jedoch manövriert sich derjenige völlig ins Abseits, der nicht pausenlos online ist. Als größten anzunehmenden Unfall innerhalb ihrer Gemeinschaft empfinden Jugendliche vermutlich den eines leeren Akku oder eines Funklochs, in das jemand unglücklicherweise geraten ist, ohne es rechtzeitig zu bemerken. Wen wundert's, dass die jungen Herrschaften verständnislos reagieren, wenn Senioren diesem Trend womöglich nicht bedingungslos folgen.

Genau da liegt jedoch ein Problem. Zugegeben, es ist wenig populär, in der heutigen Zeit auf ein solches hinzuweisen, geschweige denn zu offenbaren, dass man sich der modernen Forderung nach ständiger Erreichbarkeit zumindest gelegentlich entziehen möchte. Wohin man auch schaut, der Zeitgeist scheint sich unwiderruflich dem *Onlineprinzip* verschrieben zu haben.

Soziologen sprechen längst schon vom *Megatrend Online*, wen wundert's?

Und dennoch oder gerade deshalb lassen sich kritische Stimmen nicht immer verschweigen. Längst schon weisen einschlägige Studien darauf hin, dass der vermeintliche Effekt hoher und höchster Produktivität sich ins schiere Gegenteil verkehrt, wenn die Konsequenzen ständiger Erreichbarkeit wissenschaftlich sauber gemessen und analysiert werden. Gerade im Geschäftsleben führt permanente Erreichbarkeit zwangsläufig zur Gefahr ungewollter Störungen, zu Unterbrechungen ohne Ende und damit nachweislich zu erhöhter Ineffizienz. Dies insbesondere natürlich bei anspruchsvollen Tätigkeiten, die hohe Konzentration und ungestörte Aufmerksamkeit erfordern. Namhafte Wissenschaftler reden bereits offen von einer »Unterbrechungsunkultur«.

Man muss sich die Situation einmal konkret vorstellen: Seriösen Umfragen zufolge werden Mitarbeiter größerer Unternehmen mit bis zu 300 E-Mails täglich zugeschüttet. Einmal abgesehen davon, dass es sich bei einem erheblichen Anteil davon um mal eben zusätzlich versandte Kopien handelt, deren Inhalt den Empfänger allenfalls indirekt angeht, liegt die Krux natürlich in der Erwartung einer möglichst sofortigen Antwort. Dazu klingelt immerzu das Telefon, nicht nur das fest installierte, sondern zusätzlich das Handy, versteht sich. Nun ja, wie bei alledem noch ein geordneter und sinnvoll organisierter Arbeitsablauf stattfinden soll, erweist sich vielleicht doch als nicht völlig unberechtigte Frage.

Nun könnte jemand einwenden, dies sähe im privaten Bereich und dort insbesondere bei uns Senioren völlig anders aus. Hier bestehe tendenziell eher Leerlauf und gelegentlich gar Langeweile, so eine weit verbreitete Vermutung. Infolgedessen sei jede Unterbrechung von außen prinzipiell doch hochwillkommen.

Es mag Fälle geben, auf die eine solche Betrachtung zutrifft. Mehrheitlich jedoch sollte ein anderes Ideal gültig sein, nämlich das einer informellen Selbstbestimmung und damit einer höchst persönlichen Entscheidung darüber, wer uns wann und wie erreichen darf. Der heute weit verbreitete Anspruch, jederzeit jeden erreichen zu können, kommt mir mitunter so vor, als hätte man die Sitte abgeschafft, vor dem Betreten eines Raumes höflicherweise erst einmal anzuklopfen. Wen wird es da noch überraschen, wenn in Anbetracht solch extremer Entwicklungen immer häufiger von einer neuen Leibeigenschaft gesprochen wird. Im Geschäftsleben hat sie sich schon längst auf Wochenenden und Urlaubszeiten ausgedehnt, von einer Erreichbarkeit rund um die Uhr ganz zu schweigen.

So weit müssen wir es nicht kommen lassen. Wir Senioren von heute sind modern genug, wenn wir über technische Einrichtungen wie E-Mail, Handy und natürlich Telefon und Fax verfügen, letztlich aber selbst bestimmen, wann und in welchem Rhythmus wir davon Gebrauch machen. Schließlich wurden Anrufbeantworter, Mailboxen und vergleichbare Einrichtungen eben genau dafür erfunden, dies auf komfortable Art und Weise zu organisieren.

Unser Privileg, auch mal *offline* zu sein, steht übrigens nicht mehr ganz so exotisch im Raum, wie dies vordergründig erscheinen mag. So wird von einem bekannten Manager eines ebenso bekannten Hightech-Unternehmens kolportiert, er habe soeben eine *Slow-E-Mail-Aktion* angeregt. Er fordert seine Mitarbeiter dazu auf, nicht sofort auf jede E-Mail zu reagieren, sondern einen vernünftigen Arbeitsablauf dadurch zu gewährleisten, dass E-Mails nur zweimal täglich bearbeitet werden. Wer hätte das gedacht?

*Im Alter wird man vielleicht nicht weise, aber es gibt immer weniger Fehler, die man nicht schon gemacht hat. (Ernst Reinhardt)*

## »Carpe diem« – nutze den Tag

*Gedanken jenseits aller Technik*

Mit einem Geniestreich ohnegleichen hat der Entertainer und Buchautor Hape Kerkeling die Literaturszene in Deutschland aufgemischt. Die Schilderung seiner Erlebnisse als Pilger auf dem legendären Jakobsweg, im Mai 2006 unter dem raffiniert gewählten Titel »Ich bin dann mal weg« erschienen, hat einstweilen alle denkbaren Rekorde übertroffen: Drei Millionen verkaufte Exemplare, mehr als 100 Wochen auf den einschlägigen Bestsellerlisten und Thema eines anspruchsvollen Filmprojekts. Da muss wohl wirklich etwas Außergewöhnliches geschehen sein.

Natürlich stürzen sich kluge Köpfe, allen voran die eifrigsten Literaturkritiker im Land, auf diese sensationelle Erfolgsgeschichte. Sie wollen ergründen, worin die tiefere Ursache für ein solch einmaliges Phänomen liegen mag. Und sie werden reihenweise fündig, wenn auch auf unterschiedlichste Art und Weise.

Zunächst wird überlegt, ob nicht allein der außergewöhnliche Bekanntheitsgrad des Autors aus Rundfunk und Fernsehen eine hinreichende Basis für den Bucherfolg liefern könnte. Immerhin hat man Kerkeling schon lange vor seinem jüngsten Triumph mit solch bemerkenswerten Preisen wie der Goldenen Kamera, dem Adolf-Grimme-Preis und nicht zuletzt dem Bayerischen Fernsehpreis ausgezeichnet, um nur einige seiner zahllosen Ehrungen zu nennen.

Andere Beobachter des medialen Geschehens sehen in Kerkeling eher den Showstar, der aus jeder Situation die für ihn beste Publicity zu gewinnen vermag. Diesmal also eine schicksalhaft schwere Erkrankung, nämlich Hörsturz und Entfernung der Gallenblase, und daraufhin der Entschluss, erst einmal eine Auszeit zu nehmen. Wir wissen inzwischen und dürfen uns darüber freuen, dass es nicht irgendeine Auszeit war, sondern eine lange Wanderschaft mit wirklich tief greifenden Erlebnissen und Erfahrungen. Wenn hiervon dann anschließend in amüsant plauderndem Ton erzählt werden kann und die Begebenheit erkennbar zu körperlicher und seelischer Genesung des Showstars beigetragen hat, so sind die Zutaten für einen modernen Bestseller bereits weitgehend beisammen.

Bei all diesen klugen und sicherlich lesenswerten Analysen: Könnte nicht der wahre Grund für den Erfolg des

Buches ein ganz simpler sein? Könnte es sich nicht einfach darum handeln, dass wir eigentlich alle eine große Sehnsucht in uns spüren, einmal im Leben einen Jakobsweg zu gehen, so wie es Hape Kerkeling getan hat? Und weiter noch: Spüren wir nicht gelegentlich alle eine Sehnsucht danach, so wie er »einfach mal weg zu sein«?

Das Erfreuliche für uns Senioren: Ja, wir können es Hape Kerkeling nachmachen, auch wir können unseren Jakobsweg finden und gehen. Nicht unbedingt den langen und beschwerlichen »echten« Pilgerweg bis nach Santiago de Compostela, dort im äußersten Nordwesten von Spanien, irgendwo im fernen Galizien. Den sollten wir den Jüngeren überlassen.

Nein, unseren eigenen Jakobsweg finden wir überall und jederzeit, und zwar im übertragenen Sinn. Wir müssen lediglich ein paar Regeln beachten und Merkmale erkennen, so wie die Pilger auf dem echten Weg auch, denen die vielen Jakobsmuscheln entlang der klassischen Route schon seit Jahrhunderten als Orientierung und als Richtungssymbole dienen.

Das wohl wichtigste Merkmal eines jeden Jakobsweges ist, dass er uns ein Ziel verheißt. Wie sollte es sonst möglich sein, sich auf einen sinnvollen Weg zu begeben? Auf einen Weg, der uns nicht planlos irgendwo hinführt, sondern in Richtung unserer Lebensidee schlechthin.

Da allerdings könnte es noch einmal ein wenig komplizierter werden.

Wir wollen nicht zu akademisch formulieren, aber an dieser Stelle sei der Hinweis doch erlaubt: Unser Leben verläuft ganz bestimmt nicht eindimensional, sozusagen jeweils planbar von A nach B und dann von B nach C. Das wäre im Übrigen nicht nur verwunderlich, sondern auch höchst langweilig. Das Gegenteil macht Leben aus, nämlich Vielfalt und Vitalität, das alles gut durchmischt mit Überraschungen beliebiger Art.

Kürzlich stieß ich in diesem Zusammenhang auf das Bild vom Labyrinth des Lebens. Eingebunden in das allmorgendlich fällige Wort zum Tage war die Rede vom berühmten Labyrinth in der Kathedrale von Chartres. Am Beispiel dieses besonderen Exemplars wurde geschickt auf den feinen Unterschied zwischen einem Labyrinth und einem Irrgarten hingewiesen. Der Irrgarten, so hieß es dort, sei schlechterdings nur unübersichtlich und habe so viele Sackgassen, dass man prinzipiell nicht wissen könne, ob man sich auf dem richtigen Wege befinde.

Demgegenüber habe ein Labyrinth keine Sackgassen, jeder Weg führe uns weiter und damit auch irgendwie zu einem Ziel. Wir ahnen es: Das Labyrinth bietet im Gegensatz zum Irrgarten eine geeignete Analogie zum richtigen Leben, ein wenig auch nach dem Motto »der

Weg ist das Ziel«. So etwas eignet sich natürlich gut für ein Wort zum Tage, zumal noch hinzukommt, dass – anders als beim Irrgarten, aus dem ein jeder unbedingt wieder hinaus will, sobald er das Zentrum erreicht hat – wir im Labyrinth des Lebens immer weiter gehen müssen. Oder dürfen, je nach Standpunkt und Lebenssituation, versteht sich.

Zurück zum Jakobsweg: Müssten wir nicht als Quintessenz aus dem Bild vom Labyrinth des Lebens darauf schließen, dass es genau genommen eine Vielzahl von Wegen gibt, die wir erkennen und gehen können. Wege unterschiedlichster Art, sicherlich auch mit differenzierten Anforderungen. Solche der modernen, technischen Welt ebenso wie diejenigen, die eher unsere Seelenlage betreffen.

Wie dem auch sei, wir Senioren stehen immer wieder vor der spannenden Frage, wie wir die nächste Etappe auf dem Wege durch das Labyrinth des Lebens, das zugleich immer ein Labyrinth in die Zukunft darstellt, finden und gestalten können. An Themen und zugleich an Problemen und Aufgaben wird sicherlich kein Mangel bestehen. Wir müssen sie nur erkennen und schließlich auch anpacken, jeden Tag aufs Neue. So wie es mit dem *Carpe diem* gemeint ist, das wir als Aufforderung, jeden Tag zu nutzen, diesen Gedanken vorangestellt haben.

Die Welt der modernen Technik steht dabei nicht allein im Mittelpunkt, aber sie gehört entscheidend dazu. Und deshalb sollten wir immer wieder schauen, wie wir vernünftig mit ihr klarkommen. Heute geht es um PC und Internet, morgen vermutlich um bereits wieder völlig andere Themen, darunter wohl auch solche, die wir uns gegenwärtig noch überhaupt nicht vorstellen können.

Wie also könnte eine Devise lauten, die uns immer wieder motiviert, jeweils Neues nicht zu meiden, sondern nach Möglichkeit kennenzulernen und auch irgendwie zu verstehen. Vielleicht passt eine altbekannte Weisheit mit dem doppelten Motto in punkto Anfangen oder Aufhören recht gut. Sie lautet:

**Fange nie an aufzuhören,**

**höre nie auf anzufangen!**